學會寬恕與放下

讓心靈得到真自由

第二章 與朋友和解

第三章 與自己和解

【夢想篇】

【健康篇】

“人生斷捨離”

「斷捨離」是一種源自日本的生活整理哲學，由山下英子提倡。這個詞彙來自於佛教的概念，意指**斷絕不需要的東西、捨去多餘的事物、脫離對物品的執著**。斷捨離的核心在於三個基本動作：

斷：斷絕過多的物品進入居家環境，減少過度購買和獲取。

捨：捨去不再使用或不需要的物品，清理空間。

離：脫離對物品的過度執著，達到心靈上的自由和解脫。

這套哲學鼓勵人們通過整理物品來整理心靈，學會選擇和放下，從而達到一種精神上的淨化和純粹。它不僅僅是關於丟棄物品，更是關於如何選擇對自己真正重要的事物，從而過上更理想的生活。

人到中年，是一個轉折的時刻，也是一個重新審視生活的時機。在這個階段，我們已經積累了一定的人生經驗和物質財富，但同時也會面臨著更多的責任和壓力。特別在人際關係上，與至親及朋友數十年的糾結，心靈難免傷痕累累。為了過上更有意義

和幸福的生活，我們可以考慮實行人際關係的斷捨離。

斷：斷開不健康的關係。有時候，我們會與一些消耗我們精力和情緒的人保持聯繫，這可能不利於我們的成長和幸福。學會辨別哪些關係對你有益，哪些關係是消耗性的，並有勇氣與那些不健康的關係斷開聯繫。

捨：捨棄不必要的關係和承諾。我們常常陷入過多的社交活動和義務，導致精力分散、時間不足，無法專注於重要的關係。學會拒絕那些不符合你價值觀和目標的邀約和承諾，將時間和精力投入到真正重要的人際關係上。

離：減少對物質和外在條件的依賴。人際關係中的離可以理解為減少對親人和朋友的慣性倚賴，而注重內心的平靜和滿足。學會享受孤獨，理解自己內心真正的需求。

簡化：簡化人際關係中的期望和責任。有時候我們會對他人寄予過高的期望，或者承擔過多的責任，這會導致緊張和疲勞。學會簡化人際關係中的期望，明確溝通自己的需求和界限，並尊重他人的需求和界限。

中年正好是一個重新審視生活、割捨過去、放下包袱和追求內心平靜的時刻。通過實行生命的斷捨離，我們可以將自己的生活變得更加簡單、輕鬆和有意義。讓我們把握這個機會，重新定義自己的人生，追求更加美好的未來。

本書貫徹斷捨離的哲學，聚焦中年人在人際關係上面對的挑戰，由至親的家人、朋友，以至自己。無論是孤獨、背叛、失望、自我價值的懷疑，甚至生離死別，一些看似解不開的心結或困境，當你退一步，眼前的景色即變成海闊天空，心頭的死結也迎刃而解。

實行生命的斷捨離是一個持續的過程。它需要耐心、堅持和自我反省。通過逐步採取行動，你可以逐漸獲得更簡單、更有意義和更幸福的下半場人生。

下半場同學會

第一章
與家人和解

每個人都有自己的選擇，我們無法控制他人，但我們可以選擇如何回應，如何讓自己的心態更加積極和健康。

學會寬恕和放下，不僅能釋放他人，更能讓自己的心靈得到真正的自由。

【伴侶篇】

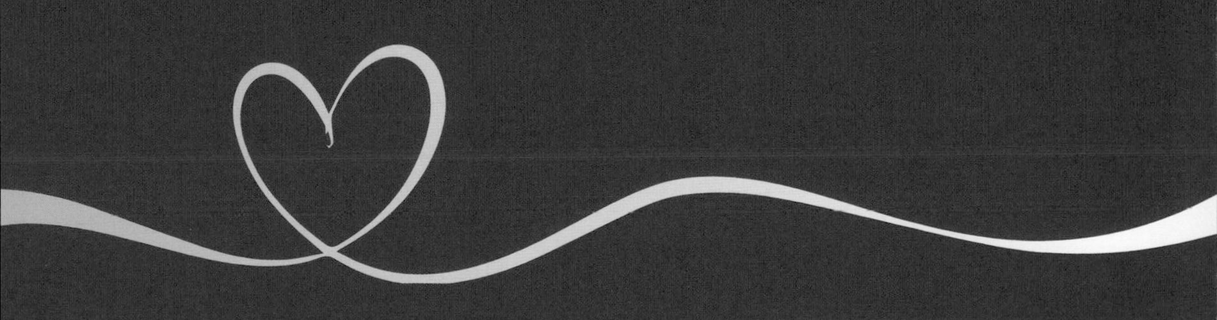

親密的陌生人

“一個缺席了數十年的父親／丈夫，已經很難再維持一家之主的地位。家庭關係需要珍惜和培養，而不是理所當然的。”

Wilson 和薇薇的故事，是許多退休男士的寫照。Wilson 是一位工作狂，總是在外地奔波，而薇薇則默默支撐著家庭。當 Wilson 決定提早退休，希望彌補過去的缺席時，他卻發現家不再像家。他的孩子們已經長大，有了自己的生活，薇薇也學會了獨立。Wilson 感到自己像是一個外人，他的介入好像打亂家中原本和諧的節奏。

Wilson 的退休生活並不像他預期的那樣，他發現自己不再是家庭的中心。眼見薇薇與一對子女吃飯時有說有笑，自己一介入大家便支吾以對，草草結束對話。

最近Wilosn察覺到薇薇和孩子們的Whatsapp群組沒有邀請他加入，這讓他感到被排斥。他更發現妻子與子女們私下到餐廳吃飯、一起看電影，也從不邀請他。

Wilson開始經常發怨言，斥責子女們「沒大沒小」，不會尊重老爸；又指責太太沒盡妻子責任，令家不成家。但這只會讓情況更糟，家庭成員開始找藉口晚回家，避開他，留下Wilson一人面對空蕩蕩的家。

由核心轉至外圍

中國人傳統的概念，父親永遠是一家之主。但一個缺席了數十年的父親／丈夫，已經很難再維持一家之主的地位。家庭關係需要珍惜和培養，而不是理所當然的。Wilson 和薇薇的故事提醒我們要珍惜與家人在一起的每一刻，因為時間一旦流逝，就無法再回頭。

另一方面，家庭關係並不是行軍掠地，不一定要彼此角力，讓對方向自己俯首稱臣。面對家庭角色的變化，一個與家人關係疏遠的父親／丈夫可以採取以下幾個策略來接受這個現實——

◎**自我反思：**花時間思考自己過去的行為和當前的情況，認識到家庭成員也許已經發展出不依賴他的生活方式。

◎**調整期望：**重新設定自己對於家庭角色的期望，理解家庭中每個人的角色都可能隨著時間而變化。

◎**開放心態：**保持開放的心態，接受家庭成員的獨立性，並尊重他們的選擇和空間。

◎**積極參與：**尋找新的方式積極參與家庭生活，例如幫助家務或提供支持，而不是試圖控制或主導。

◎建立新關係：與家人建立新的關係，基於相互尊重和理解，而不是權威或責任。

接受自己在家庭中的新角色可能需要時間和耐心，但通過這些積極的步驟，可以幫助父親重新定位自己在家庭中的位置，並與家人建立更健康和諧的關係。這不僅有助於個人的成長，也能增進家庭的整體幸福感。這是一個持續的過程，需要父親持續地努力和適應。

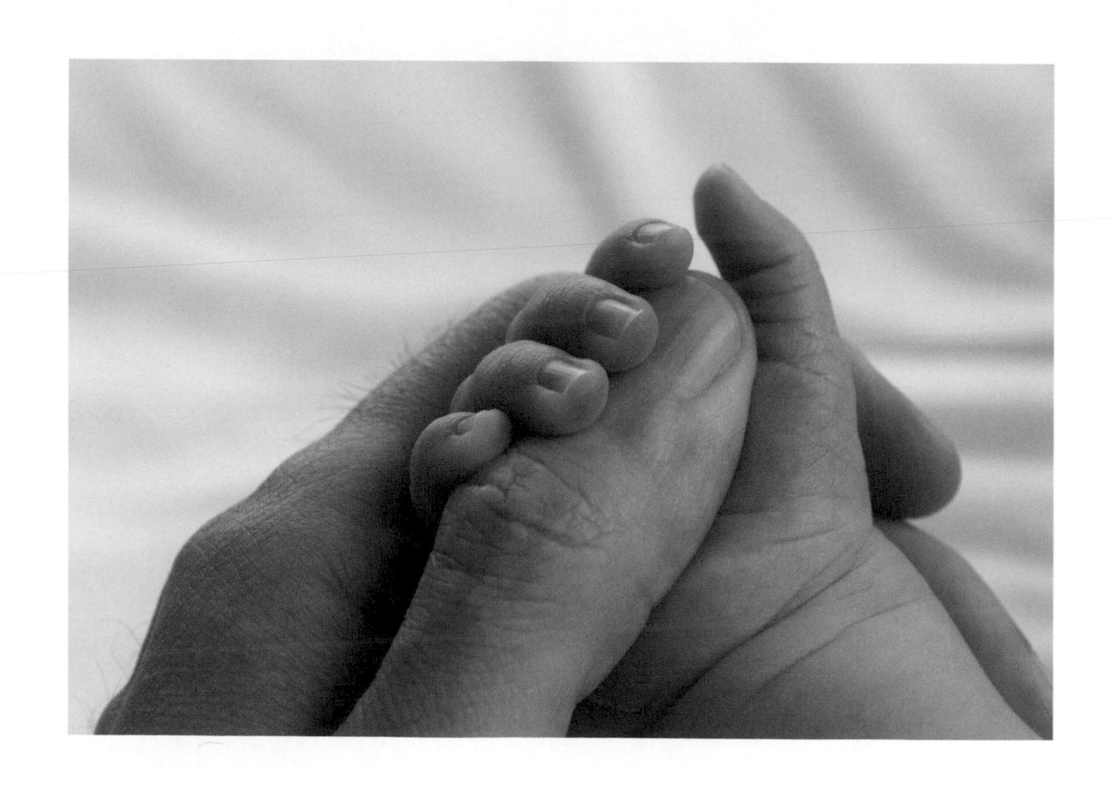

被世界遺棄不可怕

我們要用愛和關懷去填補他們心靈的空缺，讓他們感受到，即使在最黑暗的時刻，他們也從未一個人面對。

羅勇的故事是一段從悲傷到治愈的旅程。在 55 歲那年，他與愛妻一同搬進了西貢的村屋，夢想退休後著過著田園詩般的生活。然而，命運卻開了一個殘酷的玩笑，他的妻子突然因病離世，留下羅勇獨自面對這突如其來的打擊。

失去愛人的痛苦讓羅勇情緒幾乎崩潰，他的世界在一瞬間變得灰暗。儘管他在親人面前裝作心情已平服，但內心的創傷卻是刻骨銘心。他開始拒絕與子女和親友的接觸，夜晚，他常常獨自一人，借助酒精來麻痺自己的感受，長期的失眠讓他的健康狀況每況愈下。

直到有一天，羅勇在家附近發現了一隻被遺棄的幼犬。那隻小狗的眼神中，透露出與羅勇相同的孤獨和無助。羅勇的心被深深觸動，他決定將這隻小狗帶回家，給予它一個溫暖的家和滿滿的愛。

隨著時間的推移，羅勇愈來愈多的時間和精力都放在照顧這隻小狗身上。他開始帶著小狗參加狗友聚會，並逐漸與其他愛狗人士建立起了聯繫。他們的熱情和友善，讓羅勇感到了久違的溫暖和歸屬感。

後來，羅勇成為了愛護動物協會的義工，致力於改善流浪狗的福祉。他的生活再次充滿了目標和意義，而那隻小狗也成為了他最忠實的伴侶。

不要被哀傷淹沒自己

面對喪偶的悲傷，每個人的經歷都是獨特的，但以下幾個建議有助於中年人在這艱難時期找到支持和安慰：

◎**接受情緒：**允許自己感受和表達哀傷，不要壓抑或逃避這些情緒。哭泣、寫日記、與親友談話或尋求心理輔導都是健康的方式。

◎**尋找支持系統：**與家人、朋友分享感受，並尋求他們的理解和支持。也可以考慮加入支持小組或尋求專業人士的協助。

◎**紀念與放下：**通過紀念逝去的愛人來榮耀過去的關係，同時學習放下，接受生活中的新階段。

◎**創造新的生活方式：**培養新的興趣或重拾以往的喜好，參與社交活動，或做義工幫助他人，這些都可以幫助建立對生活的新看法和滿足感。

重要的是要給予自己時間和空間來處理這些變化，並且知道尋求幫助是勇敢和積極的一步。隨著年月過去，許多人發現他們能夠找到新的意義和目標，並繼續他們的生活旅程。如果你或你認識的人正在經歷這樣的困難時期，請勇於尋求幫助。

親友的支援

在喪親的陰霾中，家人的支持如同溫暖的陽光，照亮前行的道路。陪伴和聆聽成為了治愈的良藥，耐心地聽取他們的心聲，不斷地給予安慰，而不是急於提供解決方案。在日常生活中，幫助喪親者處理那些看似微不足道卻又重要的事務，如購物或照顧家庭，這些小小的舉動都是對他們的巨大支持。

鼓勵他們通過各種方式表達情感，無論是書寫還是藝術創作，都能幫助他們釋放內心的壓力。同時密切觀察喪親者的情況，引導他們尋求專業的心理輔導，這不僅是對他們的關懷，也是幫助他們重建生活的重要一步。

每個人的哀傷之路都是獨一無二的，作為家人，我們要用愛和關懷去填補他們心靈的空缺，讓他們感受到，即使在最黑暗的時刻，他們也從未一個人面對。

愛的綑綁

保持適當的距離，是退休後維持和諧的婚姻生活的必修課。與其勉強擠入伴侶的社交圈子之中，不如努力地建立屬於自己的社交生活。

偉文是一位剛剛退休的工程師，過去他的生活曾經只圍繞著一件事：工作。退休後，他發現自己在家中的角色變得模糊不清，時間又變得如此充裕，所以他開始對妻子玉芬的日常活動感到興趣。

玉芬是一位充滿活力的家庭主婦，她的生活從來不缺乏色彩。當孩子們長大離家後，她並沒有選擇安靜地坐下來，而是開始與老同學們組織各種活動，從品嘗各區美食到征服群山，她的生活充滿了冒險和歡笑。

偉文最初只是一個旁觀者，但很快他發現自己被這些活動所吸引，他開始參與其中，嘗試融入玉芬的世界。然而，參加了幾次活動後，偉文開始對每次活動的細節提出意見，他的工程師本能讓他想要控制一切，甚至開始懷疑玉芬的一位男同學對她有不正當的意圖。

一次行山活動中，玉芬差點失足，那位男同學伸手扶了她一下，這個簡單的動作卻在偉文心中激起了波瀾。他的憤怒爆發了，言語中充滿了指責和不滿，這讓原本和諧的氣氛變得尷尬。玉芬感到震驚，她決定從此不再讓偉文參與她的活動。

距離太近令夫婦關係失衡

台灣作家田臨斌（老黑）在作品中寫到：「退休後夫妻之間的感情只有兩條路可走：退休前感情不錯的，退休後會愈來愈好；退休前感情就不怎麼樣的，退休後會愈來愈壞。造成這個現象的原因有兩個：縮小的空間和拉長的時間。」

退休前，兩夫婦就算生活上有磨擦，總有子女及工作為緩衝。但隨著退休生活及空巢期的來臨，緩衝驟然消失，彼此的缺點都會無限放大。特別是男人退休後，原本忙碌的工作生活變得空閒，會對自己的價值感產生懷疑或不安。同時，與伴侶的相處時間也增加了，可能會發現彼此的習慣或性格上有不協調的地方。

加上男人原本在工作場所或社區中建立的人際關係，退休後會減少或消失。如果沒有積極參與社交活動或結交新朋友，便會感到孤獨或無聊，甚或干涉太太的社交生活，增添了磨擦的機會。

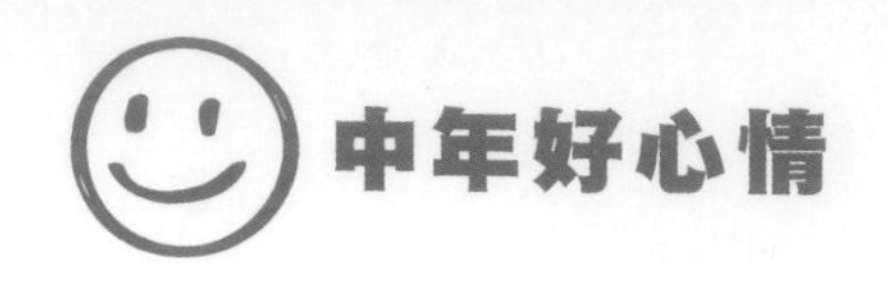

保持適當的距離，是退休後維持和諧的婚姻生活的必修課。與其勉強擠入伴侶的社交圈子之中，不如努力地建立屬於自己的社交生活。先從個人興趣出發，參與相關的課程或工作坊，這不僅能學到新知識，還能認識新朋友。但最重要的是要保持開放的心態，積極參與，並願意嘗試新事物。這樣不僅能夠擴大社交圈子，還能增加生活的樂趣和意義。

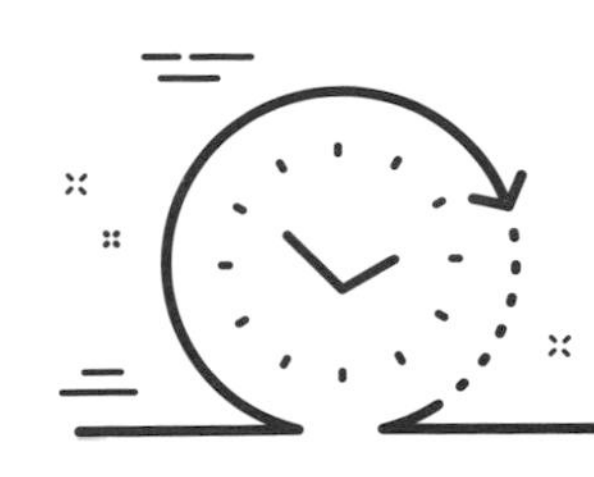

Money Money Money

「破產上天堂」的概念提倡的是，人們應該在自己還活著的時候，就把錢花在自己身上，例如旅行或發展興趣，從而使退休生活更加豐富多彩。

Brian 和 Winnie 是對中年夫婦，都已步入退休生活的門檻。他們曾是大公司的管理層，收入豐厚，理財有道。退休後他們既擁有自己的物業，又有一大筆資金，每年都能賺取可觀的被動收入，所以理應不須為退休的生活憂心。

Brian 是一個樂觀的享樂主義者，認為他們應該享受辛苦工作多年所積累的成果。無論衣食住行，他都要用頂級品牌，並且每年至少要有兩至三次的豪華旅行。對他來說，這是對他們半生勞碌的最好獎賞。

相對地，Winnie 則是一位謹慎的理財者。她擔心未來會有的健康問題，以及經濟市場的不確定性，這些都可能會侵蝕他們的退休基金。同時，她亦希望日後能留下較豐厚的遺產給兒子。因此，她堅持節儉生活，希望能為未來的不確定性做好準備。

由於大家的理財概念有大不同，生活中時常有衝突。例如出外午膳，Brian 想前往 5 星級酒店享用 high tea，Winnie 卻堅持吃茶記的特價下午茶餐。策劃外遊，Winnie 盡選東南亞的短線遊，Brian 卻希望能參加歐洲的豪華團。久而久之，夫婦二人開始按照自己的喜好消費，同時對對方理財的方式，經常表示不滿。

破產上天堂

「破產上天堂」是指一個人在生命結束時，將自己所有的財產都用光，沒有留下任何遺產。這個觀念強調的是在有生之年充分享受生活，而不是為了子女或其他繼承人儲蓄財富。在西方文化中，這被視為一種理想的生活方式，因為它鼓勵人們為自己而活，享受人生，而不是僅僅為了積累財富。

這種觀念與亞洲傳統的價值觀形成對比，後者通常強調為子女和後代積累和留下財富。「破產上天堂」的概念提倡的是，人們應該在自己還活著的時候，就把錢花在自己身上，例如旅行或發展興趣，從而使退休生活更加豐富多彩。

當然，為了應對未來的不確定性，理性消費仍是重要的。不過退休基金並不是一個無底深淵，透過仔細的計算，衡量過不同的風險，始終可以計出較準確的財務目標，也可推算出日常合宜的消費預算。

退休夫婦處理財務安排時，尋找平衡是關鍵。以下是一些建議：

◎溝通與理解：夫婦雙方需要坐下來討論各自的財務觀念和退休目標，並試圖理解對方的立場。

◎制定共同預算：創建一個預算計劃，既考慮到節儉的需要，也為偶爾的揮霍留出空間。這樣可以確保雙方都有説服力的參與。

◎個人開支帳戶：考慮設立個人開支帳戶，讓每個人都有一定的自由度來管理自己的開支，同時還有一個共同帳戶來處理家庭開支和儲蓄。

◎設定目標和限制：設定可接受的開支範圍和儲蓄目標，並定期檢查進度，以確保雙方都在正軌上。

◎尋求專業建議：如果需要，可以尋求財務顧問的幫助，他們可以提供客觀的建議和解決方案。

這些策略可以幫助夫婦雙方達成共識，並在享受生活和負責任的財務管理之間找到平衡。

人約離婚後

> **有錢、有自我及有健康，當掌握這三重基石，人就可以不依賴別人，不委屈自己，活得有自由和尊嚴。**

麗芳曾經一位在職場上風光無限的女性，憑藉著她的能力和智慧，在一家中型企業中擔任秘書，管理著百餘名員工。她的工作能力得到了老闆和同事的一致認可，她的生活充滿了成就感和自豪。

然而，隨著結婚和生兒育女，麗芳選擇了放棄職業生涯，成為一名全職主婦。她全心全意地照顧家庭，撫養子女，為丈夫的事業提供支持。她的丈夫是一位中小企業的老闆，卻不懂得珍惜麗芳的付出，婚後不久便開始外遇。

麗芳的心中充滿了憤怒和失望，她曾經嚷著要離婚，但在丈夫的求饒和承諾下，她選擇了原諒。

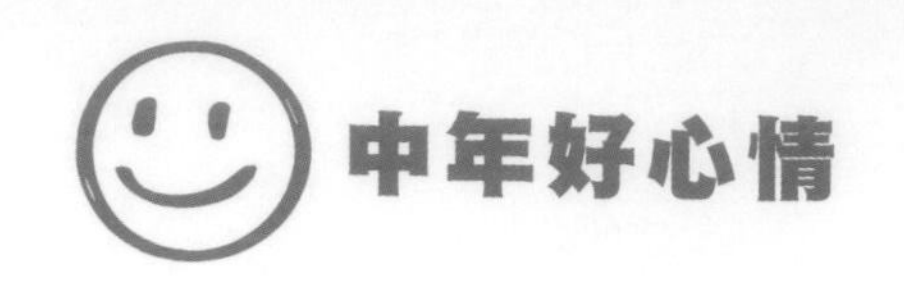

然而，這樣的場景在接下來的二十年的婚姻裡不斷重演。丈夫的出軌行為愈來愈公然，麗芳的心也愈來愈死寒。

面對親友和子女的勸解，麗芳心中明白，她應該離開這段婚姻，尋找自己的幸福。但是，長年的家庭生活讓她對外界缺乏信心，她擔心自己無法在職場上重新站穩腳跟，擔心離婚後的生活會更加艱難。為此，她寧願與負心人渡日如年地過日子，身心卻日漸衰疲。

人生主權的基礎：
經濟獨立、情感獨立及生活獨立

經濟、情感和生活的獨立，是成為一個全面自主個體的根基：

◎**經濟獨立：**個人能夠自行管理財務，不依賴他人提供經濟支持。這包括有能力支付日常開支、儲蓄、投資，以及為未來計劃如退休做準備。

◎**情感獨立：**個人在情感上不過度依賴他人，能夠獨立處理個人情緒和關係問題。情感獨立的人能夠在不依靠他人的情況下，保持內心的平衡和滿足。

◎**生活獨立：**涉及日常生活中的自理能力，包括烹飪、清潔、維修等家務事，以及能夠獨立做出生活決策，如居住地選擇、生活方式等。

簡單而言，就是要有錢、有自我及有健康。當掌握這三重基石，人就可以不依賴別人，不委屈自己，活得有自由和尊嚴。

當然，羅馬不是一天建成，建立經濟、情感和生活獨立的基礎，也要逐步建立。對於與麗芳情況相似，掙扎著要否藉離婚開啟新生活的朋友，以下是一些可行的準備：

情感準備

允許自己經歷悲傷的階段，並對未來的變化保持開放的態度。這包括冥想、寫日記或與朋友和家人相處。

法律和財務準備

了解離婚手續和所需文件，如離婚協議書和證人簽名等。同時，評估經濟狀況，確保能夠獨立承擔生活開支。

社會支持

建立一個支持系統，包括親朋好友、專業諮詢師或加入支持團體，以獲得情感支持和實際幫助。

個人成長

設定新的生活目標，如找到一份新工作、開始新愛好或追求新關係，以幫助自己向前邁進。

心理健康

照顧自己的身心健康，確保有足夠的睡眠，健康飲食，並避免過度依賴酒精或藥物。

面對孤獨

思考如何面對單身生活帶來的孤獨感，並尋找方法填補這種空虛感，如培養新的興趣或建立新的友誼。

當婚姻由美輪美奐的教堂淪為千瘡百孔的破屋，實在沒有繼續守護它的理由。衝出安舒區或要面對不確定的未來，但總比被日積月累的怨念溺死自己強。

講錢失感情

退休後，理財的目的變得單一，就是讓自己與伴侶可以在物質資源充裕的環境下安渡晚年。

菲菲和國守都是專業人士，他們的生活一直在順風順水。他們擁有的不僅僅是物質上的豐富，更有著對未來的美好憧憬。當他們決定提前退休，享受生活時，誰也沒有想到，這只是故事的開始。

國守是一個理性而精明的投資者，在朋友的引誘下，決定投資一家生物科技公司。這家公司在科技界是一顆冉冉升起的新星，但很快，這顆星星就因為一場突如其來的抄襲官司而墜落。巨額的賠償讓公司無法承受，最終走向了倒閉的命運，國守的投資也隨之化為泡影。

這次的失敗對國守來說，不過是投資路上的一個小小挫折。然而，股市的風雲變幻，讓他接連遭遇虧損，退休基金在不知不覺中減少了三分之一。菲菲對此深感擔憂，她的心中充滿了不安和恐懼。但國守卻依然保持著他的樂觀，認為投資就是有賺有賠，重要的是抓住機會，迎接市場的復甦，便可反敗為勝。

退休基金投資的問題，逐漸成為了他們之間爭執的導火線，原本和諧的夫妻關係，漸漸地變得緊張和疏遠。他們的對話少了，沉默多了，甚至有時候，彼此之間就像是完全不相識的陌生人。

退休理財宜守不宜攻

兩夫婦剛結婚，理財的目標可以是購置理想的窩居，供養孩子完成學業，甚至是照護年老的雙親。由於使費巨大，夫婦除了收入外，也應作一些較進取的投資，以求縮短積蓄財富的時間。

退休後，理財的目的變得單一，就是讓自己與伴侶可以在物質資源充裕的環境下安渡晚年。退休理財應該以保守為主，因為退休後的收入來源相對固定，而且退休生活可能會很長，所以保護本金是非常重要的。這意味著應該避免高風險的投資，尤其是那些會導致本金大幅減少的投資。以下是一些保守理財的策略：

◎**多元化投資：**分散投資可以降低風險，不要將所有的錢投資在單一的資產類別。

◎**債券和固定收益投資：**這些通常風險較低，可以提供穩定的收入流。

◎**避免投機性投資：**避免那些看似有高回報但風險也高的投資，如某些股票或加密貨幣。

◎**計劃長期投資：**考慮那些長期穩定增長的投資，而不是尋求短期的高回報。

◎年金保險：如果完全無法容忍退休後生活費有任何減損，可以考慮購買年金險進行「保底」。

◎財務體檢：建議每年進行財務體檢，了解現有資產可支應多久的退休生活，並確保資產是否屬於「安全水位」。

除了投資，退休夫婦在處理家庭財務上，也可參考以下建議：

提取每月金錢規劃

計算每月的開支，並制定計劃來決定每月提取方式，退休後要嚴格執行，定期審視本金是否足夠繼續生活所需。

維持緊急預備金

保持約 1~3 年生活費的緊急預備金，以應對突發事件。

退休前還清債項

為了不讓債務影響退休人士的財務靈活性，最好是能在退休前還清一切債項，特別是高息債務。

及早計劃遺產分配

遺產規劃是財務管理的核心，及早計劃遺產分配，包括遺囑、可撤銷生前信託、持久授權書等，以保護個人利益。

善用閒置資金增收入

考慮將閒置資金配置到其他資產，提升回報率，同時考慮資金的靈活性和風險承受能力。

過簡單生活

把錢用在必要之處，避免不必要的開支，以確保資金能夠支持更長的退休生活。

這些建議可以幫助退休夫婦更好地管理他們的財務，確保他們能夠享受一個無憂的退休生活。

FIRE 理財法、25 倍及 4% 的神奇效應

FIRE 理財法是一個縮寫，代表著「Financial Independence, Retire Early」，即財務獨立，提早退休。它是一種財務管理和生活方式的理念，旨在通過積極的儲蓄和投資，追求早期實現財務自由，並提前實現退休的目標。

FIRE 理財法的「25 倍原則」和「4% 回報」是在追求財務獨立和提早退休過程中常用的兩個概念。

25 倍原則：這個原則建議你在決定退休時，確保你的投資組合價值相當於你預期的每年開支的 25 倍。簡單來說，如果你的預期每年支出為 HK$240,000，那麼根據這個原則，你應該累積 HK$240,000 乘以 25，即 600 萬港元的投資組合價值。這樣，在假設你的投資組合能夠持續以一定的回報率增長，並每年提取 4% 的資金進行支出的情況下，你的資金可以維持至少 30 年以上。

4% 回報：每年製訂投資回報時，以 4% 回報率為目標。這個百分比是經過研究和實踐驗證的一個相對安全的數值，可以在較長的時間內保持投資組合的可持續增長和提供穩定的現金流，無須為追求更高回報而從事高風險投資。

需要注意的是，這些原則是根據歷史資料和經驗得出的，但並不能保證未來的投資回報率和市場表現。因此，在實踐中，你應該結合個人的風險承受能力、投資目標和市場狀況來評估和調整這些數字。

此外，FIRE 理財法還涉及其他重要的因素，如投資組合的分散、風險管理、稅務策劃等。在制定和執行 FIRE 計畫時，建議尋求專業的財務規劃師或投資顧問的指導，以確保你的財務目標能夠得到合理的規劃和實現。

【子女篇】

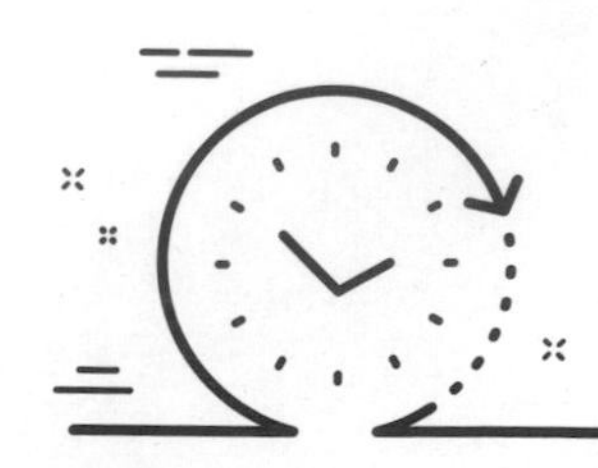

養兒不防老

> **克服對獨單的畏懼是下半場人生的挑戰。改變對獨單的看法，將其視為一個自由和自主的狀態，而不是孤獨和無趣的狀態。**

在這個冷清清的家中，58 歲的美芬獨自一人生活。她的家是一個充滿回憶的老公寓，牆上掛著兒子們的照片，桌上擺著他們兒時的玩具。每當夜幕降臨，她總會坐在窗邊，凝視著遠方的星空，思念著遠在英國的大兒子和在這座城市另一端的小兒子。

美芬的丈夫在多年前就離開了人世，留下她獨自撫養兩個兒子。她一手包辦了家中大小事務，從早到晚辛勤工作，只為了讓兒子們有一個美好的未來。她的愛是無私的，她的付出是默默的，她從不期待任何回報。

大兒子成家後，決定舉家移民英國，尋求更好的生活機會。他們的離去，沒有太多的告別，也沒有太多的解釋，只留下了美芬一個人在這個家中。小兒子雖然住在同一個城市，但因為妻子與母親之間的矛盾，他們的聯繫也變得愈來愈少。

每當節日來臨，美芬總會準備一桌豐盛的晚餐，希望兒子和孫子們能回家團聚。但是，等待她的往往只有空蕩蕩的房間和冷清的餐桌。她的心中充滿了失落和孤獨，既抱怨自己命運的坎坷，又會自責是否自己做得不夠好，才會造成今天孤獨終老的情況。

孤單而不孤獨

孤單（solitude）是一種身體上的狀態，而孤獨（loneliness）是一種心理上的感受。孤單可以是一種選擇，是在忙碌和喧囂的生活中尋找個人空間和思考時間的方式。而孤獨則是一種感覺，指的是缺乏與他人的聯繫和交流所帶來的內心空虛和不安。

無論是自願或非自願地處身孤單的情況，你也可以維持「孤單而不孤獨」：即使一個人身處一個人的環境，仍然可感到內心的充實和平靜。這種狀態通常與自我接納、內在的和諧以及對生活的深刻理解相關。

對於年長者來說，克服對獨單的畏懼是下半場人生的挑戰。改變對獨單的看法，將其視為一個自由和自主的狀態，而不是孤獨和無趣的狀態。培養積極的心態和自信，相信自己可以過上充實和滿意的獨單生活，是戰勝孤獨感的第一步。

此外，尋找並參與社交活動，加入社區組織、俱樂部或興趣小組，與他人建立聯繫和交流。這樣可以擴大社交圈子，提供支援和社交互動的機會。

放開怨懟 積極向前

至於對親人辜負自己的指控，與其心中抱怨，不如當是一件任務的完結。當親情的付出未能得到預期的回報，心中的失落與傷痛難免會湧上心頭。這時，學會接受現實的不完美，並允許自己經歷情緒的自然流動，是走出陰霾的第一步。與此同時，尋找可靠的支持系統，無論是親友的安慰還是專業的諮詢，都能為心靈提供額外的支撐。在這個過程中，為自己設立界限，保護自己免受進一步的情感傷害，同時也是對自我價值的肯定。

而在這一切之上，學會寬恕和放下，不僅能釋放他人，更能讓自己的心靈得到真正的自由。每個人都有自己的選擇，我們無法控制他人，但我們可以選擇如何回應，如何讓自己的心態更加積極和健康。這不僅是一個挑戰，更是一次成長和轉變的機會。

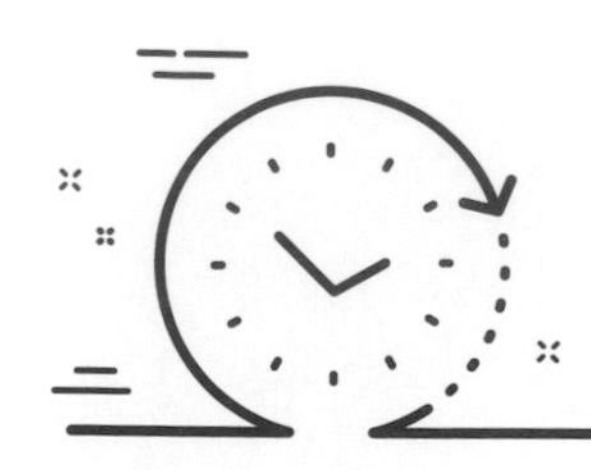

不為孺子牛

長輩也可以有自己的個人生活和興趣，他們希望保持一定的自由和獨立，所以選擇在有需要時提供支援，但不承擔全面的照顧責任。

明麗與丈夫育有一女，女兒與母親關係密切，明麗對女兒的要求亦一向千依百順，而女兒在不同的生活細節上，亦非常依賴母親。

當明麗與丈夫正享受著他們退休後的悠閒時光，女兒經過幾年的婚姻生活，終於迎來了她的第一個孩子。然而，女兒因產後虛弱，明麗決定暫時搬到女兒家中，全心全意地照顧她和新生的孫兒。

明麗的日子變得異常忙碌，她的生活幾乎完全圍繞著女兒和孫子。她的腰膝舊患也因此加劇，但她堅持不懈，認為這是作為母親的責任。經過數個月的休養，女兒的身體已逐漸康復，明麗決定是時候讓女兒獨立起來，搬回自己居所，好好休息和讓身體恢復。

女兒對此感到震驚和不滿，原來她已經計劃好在孩子半歲後重返職場，並依賴母親打點家中的大小事情。她麻怨母親的決定打亂了她的計劃，甚至指責母親寧願終日「遊手好閒」亦不願照顧至親。

明麗丈夫看在眼裡，忍不住指責女兒不體諒母親。最後，兩家人演變至斷絕來往， 連明麗想探望一下孫子也被拒。

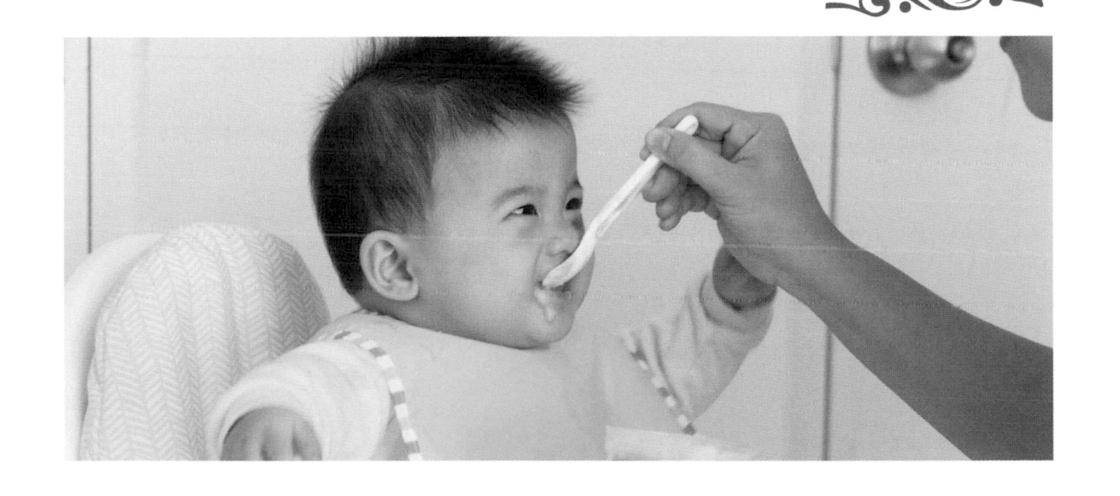

逍遙派的四大長老

所謂「四大長老」，指的就是爺爺嫲嫲（祖父母）與公公婆婆（外祖父母），由於「四大長老」都不免會涉及子女養育下一代的過程，難免會惹來衝突。

長輩承擔照顧孫子的責任被視為家庭的傳統和責任，他們願意提供愛和支援，幫助父母照顧孩子，同時傳遞價值觀和家庭教育。然而，長輩也可以有自己的個人生活和興趣，他們希望保持一定的自由和獨立，所以選擇在有需要時提供支援，但不承擔全面的照顧責任。

作為兒女，應尊重每個家庭成員的個人需求和權益。長輩有自己的生活和興趣，他們需要合理的時間和空間來照顧自己的需求。與孫子照顧相關的責任應該是合理和可行的。

在處理家庭矛盾時，保持積極的家庭氛圍是至關重要的。儘量避免指責、攻擊和爭吵，而是鼓勵互相支持、理解和合作。

溏心風暴

“物質以外，精神上的傳承，例如教育、信仰、道德、價值觀等，才是最重要的遺產。”

Fiona是家中最小的孩子，也是父母的掌上明珠。成年後，她的四位兄姊各自忙於自己的生活，除了Fiona，其他子女已很少回家探望年邁的父母。當父親突然去世，母親又患上腦退化症時，亦只有Fiona不離不棄，盡心盡力地照顧母親，最終將她安置在護理安老院。

然而，當母親去世後，家族內部的矛盾爆發了。父母留下的遺囑將家中的故居留給了Fiona，這讓其他兄姊感到不滿，他們指責Fiona貪婪，認為她一直在圖謀父母的財產才借故親近他們。於是，他們聯合起來對Fiona提起訴訟，試圖以父母晚年神智不清為由推翻遺囑。法庭上，兄姊們以最難聽的說話指控 Fiona，令她感到孤獨無助。

這場爭產的戰爭，不僅是財產的爭奪，更是家庭關係的破裂。Fiona 感到無比的痛苦和孤獨，她的心情陷入了深深的抑鬱。曾經的家庭溫暖和親情支持，如今變成了冷漠和指責。

金錢能動搖親情的基礎

為了避免自己離世後子女之間的爭產問題，無論擁有的資產多與少，都應預立遺囑，明確記錄自己財產分配意願，並由法律專業人士協助撰寫，以確保其合法有效。在分配財產時，有幾個原則可以考慮，以確保過程的公平性和減少家庭糾紛的可能性：

◎**兼顧晚年幸福：**父母在給予子女財產時，應該保留足夠的資源以確保自己晚年的生活品質。

◎**所有權完整：**建議不動產的分配應盡可能單純，避免共有繼承導致的所有權分散問題。

◎**公平分配：**在子女眼中，法律上的公平和父母的公平可能不同，因此分配時應考慮家庭成員間的感情和貢獻度。

遺產分配對子女的影響是多方面的，不僅涉及財務層面，還會影響家庭關係和子女的心理狀態。如果子女認為遺產分配不公平，可能會導致家庭糾紛，甚至長期的怨恨和法律訴訟。遺產分配過多可能導致子女過度依賴遺產，而不努力工作或管理財務；分配過少則可能使子女在經濟上承受壓力。

其實物質以外，精神上的傳承，例如教育、信仰、道德、價值觀等，才是最重要的遺產。把什麼遺產留給子女，是一種平衡和適度的組合，既要考慮子女的物質需要和權益，也要考慮子女的心理成長和人格塑造。

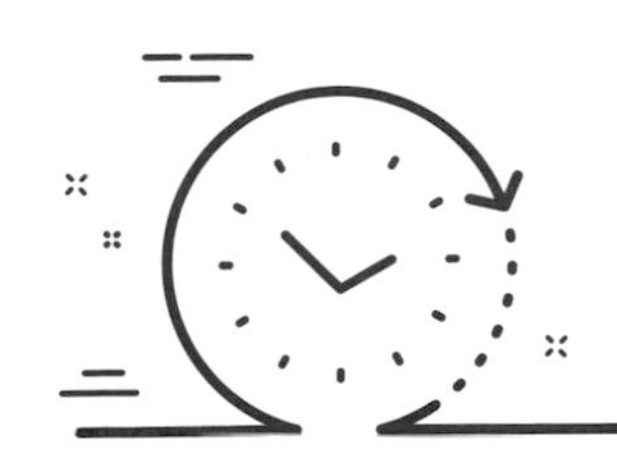

兄弟同心

「與親人合作經營生意需要謹慎考慮，並建立清晰的溝通和業務界限，以確保既能維持良好的家庭關係，又能促進業務成功。」

浩然是一個從小型貨車起家的物流公司老闆，他的成功背後有著一個不為人知的幫手——他的弟弟浩天。浩天是市場學的高材生，畢業後加入跨國企業，很快便晉升為市場部主管。後來因為哥哥的需要，決定辭去優差到浩然的公司發展。

浩然的公司如同他的名字一樣，浩浩蕩蕩，車隊規模不斷擴大。而這一切，都離不開浩天那精準的市場策劃和無私的奉獻。然而，浩天的心中卻有著一絲不被理解的苦澀。他覺得自己的才華在哥哥的陰影下無處施展，這種感覺就像是被困在一個無形的籠子裡。

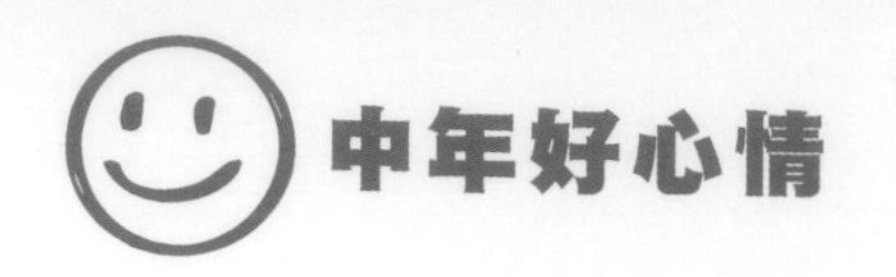

一次，浩然外出長假，回來後發現公司賬戶少了一筆巨款。原來，浩天為了公司一個大膽的投資，擅自動用了資金。這一行為，無疑是對浩然信任的背叛。浩然的怒火中燒，他甚至想要報警。但在父母的勸解下，最終只是辭退了浩天。

浩然的心中充滿了失望和痛苦，他無法理解浩天的行為。而浩天則覺得哥哥太過冷酷，他自問所做的一切都是為著公司的發展，但哥哥卻不願意給予他解釋的機會。兩兄弟的關係，就像是被撕裂的紙，再也無法完整。

親人是最大的靠山，也可帶來最深的傷害

與親人一起經營生意有其利弊，包括：

利處	弊端
互相信任：與親人合作，基於長期的關係和了解，通常會有較高的信任度。	**感情用事**：與親人合作會因私人感情影響業務決策，導致不理性的選擇。
共同目標：家人往往會有共同的願景和目標，這有助於推動業務發展。	**摩擦增多**：長時間密切合作會增加摩擦，尤其是在壓力大的商業環境中。
角色分配：了解彼此的性格和能力，可以更好地分配職責和角色。	**利益衝突**：當業務發展出現分歧時，會引起利益衝突，影響家庭關係。

總的來說，與親人合作經營生意需要謹慎考慮，並建立清晰的溝通和業務界限，以確保既能維持良好的家庭關係，又能促進業務成功。建議在開始合作前，就業務運作、財務管理、利益分配等方面制定明確的規則和協議。這樣可以在未來避免不必要的爭議，並確保公司的長期發展。

處理與親人在工作上的糾紛時，可以採取以下步驟來減少對家庭關係的影響：

◎**積極聆聽：**全心傾聽對方的想法，不要急於反駁或下結論，而是透過有效的發問技巧，理解對方的真正需要和立場。

◎**問題和人分開：**避免將個人情感與問題混為一談，專注於解決問題本身，而不是指責對方。

◎**強調利益：**從雙方表面的立場出發，探討其背後的利益，尋找共同目標，以創造雙方都能接受的解決方案。

◎**控制情緒：**了解並管理自己的情緒，避免情緒化的行為導致衝突升級。

這些方法有助於在保持家庭和諧的同時，有效地解決工作上的糾紛。記住，保持冷靜和尊重是關鍵，並且在必要時尋求專業調解服務也是一個好選擇。

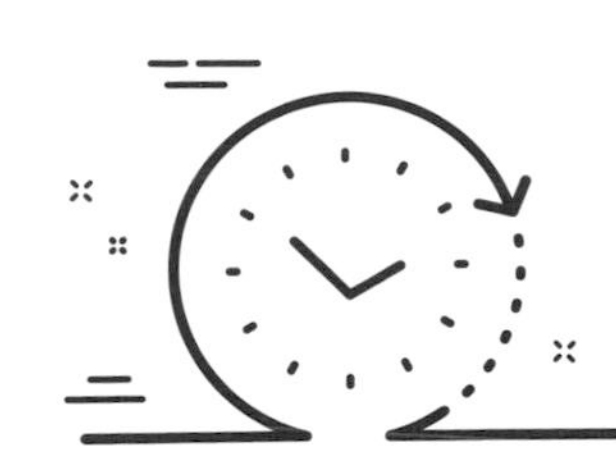

愛你變為害你

“父母照顧子女，就像經營有限（責任）公司。雖然父母願意向子女作無私的奉獻，但對子女的責任是有界限的。”

媚大姊是一位退休老師，憑藉多年的穩定收入和成功投資，擁有了自己的物業。她的一對子女已經三十多歲，並有了自己的家庭，但仍然沒有自己物業，每月支付租金變相幫他人供樓，這讓媚大姊感到不安。

於是，她建議子女們購買自己的房產，並慷慨地借出首期，他們只需承擔每月的供款。媚大姊以自身的經驗，深信一套必勝的置業循環——無論如何盡快「上車」置業，日後當樓價升值即賣出單位，便可償還她之前墊付的首期，再用餘款購置更大的居所。

可惜人算不如天算，本地樓市進入調整期，樓價不升反跌，而媚大姊的大兒子更被公司裁汰，使得供樓變得困難重重。同時，小女兒的家庭開支因新生兒的到來而劇增，面對極大的財務壓力。

子女們逼不得已向媚大姊尋求更多的財務支持，但媚大姊之前分別借首期給他們置業，退休基金已「元氣大傷」，若每月再承擔一對子女的供樓款項，實在非常吃力。她建議子女們尋找其他解決方案，但這卻引起了他們的不滿。他們指責媚大姊當初慫恿他們購房，令他們成為「樓奴」，現在眼見他們陷入困境卻袖手旁觀……

樓市黃金歲月已消逝

香港人一向奉行「資產主義」，只要擁有自己的房產，財富便會自動加增。據統計由2003年至2016年，樓價升幅達364.4%。2016年後雖然樓市仍位處上升軌跡，幅度卻逐漸縮小；直至2023年，樓市更進入下行狀態。據專家預計，未來樓市雖不致崩潰，但亦難再有大幅攀升。過去香港人深信的「細屋升值→更換大屋」的積累財富方式，可能亦告一段落。

回到父母是否應該幫助子女置業這問題，箇中涉及多方面的考慮：

好處	壞處
減輕負擔：年輕人難以負擔高昂的房價和首期，父母的幫助可以讓他們更容易擁有自己的家。	**依賴性：**過早告知子女會幫助他們置業會培養依賴心理，影響他們的獨立性。
經濟支持：父母的支持可以讓子女在經濟上更有安全感，尤其是在房價高企的地區。	**經濟壓力：**如果父母為了幫助子女置業而動用退休金或加按物業，會給自己帶來經濟壓力。
	市場影響：父母幫助子女置業可能會間接推高樓價，使得其他年輕人更難置業

資深投資者林一鳴博士，對此問題則有以下見解：

「如果父母有能力的話，是否應該幫子女買樓？我個人的意見是：

(1) 先考慮時機是否適合，如果子女根本沒有住屋需要，例如只是剛畢業幾年，就唔應該幫他們買樓，幫佢反而害佢，會磨滅他們的奮鬥能力；

(2) 除非要結婚成家，否則三十歲前都唔太應該幫，請他們捱多一陣，繼續努力工作；

(3) 到了適合年齡，確定有住屋需求後，就可以考慮幫忙，但也不能幫 100%，讓孩子付擔一部分首期，就算你有能力，也不要 Full Pay 買樓，讓孩子在他們能力範圍之內，將部分金額通過銀行做按揭。因為太輕易得到的東西，人是不會珍惜的。」

綜合來看，父母幫助子女置業的決定應該基於家庭的經濟狀況、子女的需求和獨立性，以及對未來市場的預測。有人形容父母照顧子女，就像經營有限（責任）公司。雖然父母願意向子女作無私的奉獻，但對子女的責任是有界限的，他們不應該為子女的所有行為或選擇承擔全部責任。置業不是人生必須，父母的角色只是助攻，最後責任仍在子女身上。

愛的補償

子女看到父母既然甘心情願刻薄自己，他們亦不用善待父母，只會視他們為滿足自己慾望的工具。

麗華年輕時，命運給了她一個沉重的打擊——丈夫不幸離世。面對生活的重擔，她挺身而出，成為家中的頂樑柱。白天夜晚，她在餐廳裡忙碌，只為了給女兒一個更好的未來。每當夜深人靜，麗華總會想起女兒那張期待的小臉，心中不禁泛起一絲愧疚。

為了彌補陪伴的不足，麗華總是盡其所能地滿足女兒的物質需求。名牌衣服、時尚手袋、最新款的手機——只要女兒一顯示出興趣，這些東西立刻就會出現在她的手中。

轉眼間，女兒也步入了母親的行列，但她對物質的渴望似乎永無止境。麗華不僅要應付女兒的消費，連孫女的開銷也一並承擔。最近，為了給孫女在主題公園舉行一個難忘的生日派對，她甚至不惜用信用卡支付高達五位數的費用，之後再分期還款。

年近六旬的麗華，為了這份母愛，仍然堅持長時間工作。但多年來的勞累，已經讓她的健康每況愈下。雖然身邊的朋友都勸她多休息，但倔強的她卻認為這都是身為人母的責任，對辛勞甘之如飴。

買回來的親情

當親情主要通過物質來維繫時，可能會出現以下問題：

◎**關係淺薄：**物質無法取代情感交流和深層的理解，導致家庭成員間的關係變得表面化。

◎**依賴性：**家庭成員過分依賴物質來獲得滿足感，忽略了建立真正的情感聯繫的重要性。

◎**經濟壓力：**長期以物質補償可能帶來經濟負擔，尤其是當家庭經濟狀況不佳時。

◎**價值觀扭曲：**孩子會發展出物質主義的價值觀，認為愛和關注可以用金錢和物品來衡量。

◎**情感缺失：**缺乏真正的情感支持和理解會導致家庭成員感到孤獨和不被重視。

因此，建立健康的親情關係應該包括時間的投入、情感的交流和相互的支持，而不僅僅是物質上的給予，這樣才能培養出更深層次的親密感和安全感。

愛子女也要愛自己

現代家庭普遍以子女為核心，父母為了子女，傾盡自己所有也是天經地義。但愛施予得過份盲目，便會淪為溺愛，反而會縱容子女的倚賴個性，苦害了他們的一生。另外，父母愛子女同時，也應當愛自己。為了滿足子女的虛榮而令到自己債台高築，這種仁慈父母形象非但不會得到子女的欣賞，甚至讓子女看到父母既然甘心情願刻薄自己，他們亦不用善待父母，只會視他們為滿足自己慾望的工具。

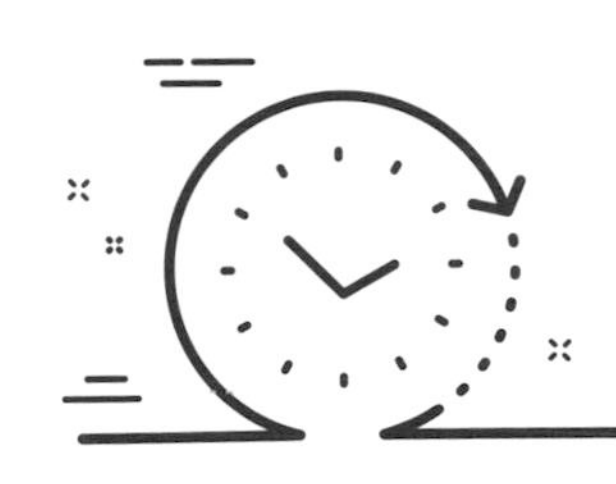

「斜槓」咒

> **斜槓族的優勢之一是多元化的技能和知識。他們從不同的領域中獲得不同的經驗和專業知識，這使得他們能夠在不同情境下應對和解決問題。**

Ken 和太太是基層白領，每月的收入有限，但對獨子的教育卻非常重視。為了讓兒子得到最優良的教育，他們省吃儉用，安排兒子在收費昂貴的私立學校就讀，每月再聘請多位私人導師為兒子補習。單單每月的教育開支，已差不多佔據了 Ken 和太太一半的收入。

兒子終於考入大學，並挑選了最吃香的商管系。在學期間，兒子表現優秀，未畢業已有大公司願意高薪邀請他加入。然而，兒子對畢業後的求職事宜卻表現出一點都不積極。原來，他打算畢業後以兼

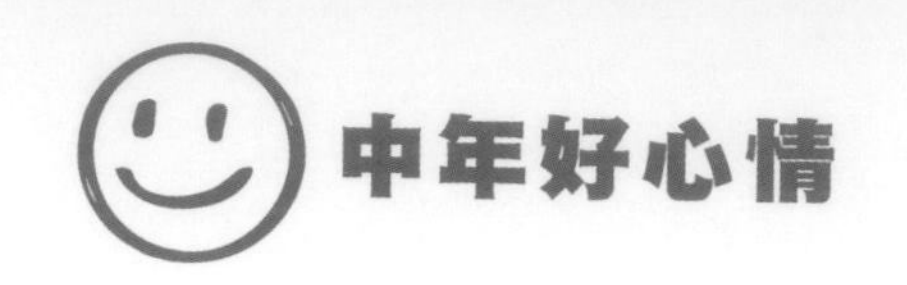

職形式從事不同行業，包括多媒體創作、為慈善團體策劃活動，甚至前往偏遠地區擔任義務老師。

Ken 對兒子「糟蹋」大好前途非常痛心，為了工作一事，兩人屢有爭執。兒子希望先花幾年時間成為「斜槓族」（Slash），既去認識世界又了解自己。Ken 卻認為他浪費時間，也浪費了他十數年來投入的資源。於是，兩父子變成了陌路人。

不務正業 VS 拒絕正業

近年全世界的年輕人都集體中「槓」——此「槓」當然不同南洋降頭術的「降」，而是投身「斜槓族」（Slash）行列。老一輩的對「斜槓族」第一個印象就是「炒散王」、不務正業，只有不學無術的年輕人才會選擇此出路。誰知道今天許多大學畢業的尖子學生，都以「斜槓族」身份展開職業生涯 。

斜槓族是一個相對新興的職業現象，它指的是同時從事多種不同領域或角色的人。這些人在某個領域擁有正式的全職工作，同時也從事其他興趣或副業，並將這些不同領域的工作結合在一起。

斜槓族的出現源於現代社會的變遷和個人追求多元發展的需求。傳統上，人們會在一個特定的領域專注地工作一輩子，但現在有更多人希望在不同領域中探索和發展自己的興趣和能力。他們可能是兼職作家、創業家，自由職業者、藝術家、音樂家、網紅等等，同時從事多個工作或角色。

斜槓族的優勢之一是多元化的技能和知識。他們不同的領域中獲得不同的經驗和專業知識，這使得他們能夠在不同情境下應對和解決問題。此外，斜槓族也能夠擁有更大的自主權和靈活性，可以自由安排工作時間和地點。而且身為斜槓族也是對個人身份的經營——每次都要想方設法突出自己，才可以贏得委託。

這比起加入大公司成為建制的一員，每天營營役役按指引辦事，可以帶來更大幅度的成長。

然而，斜槓族也面臨一些挑戰，例如收入不穩定。斜槓族的工作來源可能是兼職、臨時工，或短期合作，收入較不穩定，月與月之間可能有很大的差別。此外，他們多以自僱的身份進行不同的工作，很多時都不受僱傭條例保護，不享受全職員工的福利，如強積金、醫療保險等，甚至有時會面臨拖欠薪金的風險。另外，時間管理也成為一個問題，因為他們需要在不同的工作之間平衡和分配時間。工作壓力也可能增加，因為他們需要應對多個角色和責任。

斜槓族是一種具有多元發展和多角色身份的職業模式，對於未經現實磨練，對未來充滿浪漫遐想的年輕人，可能充滿魅力。作為父母，只可以助他們權衡利弊。父母應該尊重兒女的選擇，即使這些選擇與他們的期望不同。但父母同時可以設定一些界限，例如在經濟上必須要自給自足，讓兒女自行承擔選擇之後的責任，這將會有助於平衡家庭的期望和個人選擇。

妒火線

當兄弟之間存在妒忌時，嫉妒者會感到自卑、無力和不被重視，這對他們的自尊心和自信心都產生負面影響。

志文和志偉雖然同在一個家庭長大，但關係並不和睦。志文經常感到父母偏心弟弟，無論是甜品還是玩具，都似乎偏向優待弟弟。這種不公平讓志文內心感到不平衡。

在學業方面，志偉表現優秀。他不僅在學科上名列前茅，運動表現也非常出色，成為學校的風雲人物。志文與弟弟就讀同一所學校，只相差一個年級，他非常討厭被稱為「志偉的哥哥」，感覺自己一直活在弟弟的陰影下。

高中後，兩兄弟選擇不同的出路。志文選擇在本地升學，而志偉則選擇在英國讀大學。志偉在海外求學期間，志文感到自己終於可以暫時擺脫弟弟的壓力。然而，當志偉畢業回國後，志文再次感到被冷落。他決定與家人保持距離，搬離老家，甚至連結婚的消息都沒有告訴父母，這讓父母心痛萬分。

回國後，志偉創立了自己的公司，在事業上取得了不少成就。他一直與家人保持緊密聯繫，照顧年邁的父母。然而，上個月父親因病去世，葬禮的安排成為兩兄弟之間的爭端。志偉因為信奉基督教，而父親臨終前領了洗，所以希望按照基督教的禮儀舉行葬禮。但志文卻堅持父親一生信佛，不能因為臨終前的「一時心血來潮」而改變宗教信仰。兩兄弟因此爭吵不休，志偉指責哥哥橫蠻，志文則指責弟弟一向高傲自大，目中無人。母親看在眼裡，心如刀割。

人比人比死人

妒忌是一種負面情緒，通常是指因為對他人的成功、優點、財富或其他得到的好處感到不滿或羨慕而產生的情感。妒忌可以在個人、群體或社會層面上存在。它可以發生在各種關係中，包括友誼、親戚、同事、兄弟姐妹等。妒忌源於對比和比較，當一個人感到自己與他人相比缺乏某種資源或優勢時，妒忌就會產生。

兄弟之間的妒忌可以導致家庭關係緊張和不和諧。這種負面情緒引起爭吵、冷戰和不信任，最終破壞兄弟之間的連結。當兄弟之間存在妒忌時，嫉妒者會感到自卑、無力和不被重視，這對他們的自尊心和自信心都產生負面影響。

修補因嫉妒而產生的家庭裂痕可以採取以下幾個步驟：

◎**認識和接受問題：**首先，家庭成員需要認識到嫉妒的存在並接受這是一個需要解決的問題。

◎**開放溝通：**創造一個安全的環境，讓家人能夠坦誠地表達自己的感受和擔憂。這有助於釐清誤解並增進相互理解 1。

◎**共同尋找原因：**一起探討嫉妒情緒的根源，是過去未解決的問題或是對資源分配的不滿。

◎承認和道歉：如果嫉妒行為導致了傷害，負責任的一方應該誠實承認錯誤並提出道歉。

◎設定界限和規則：為了避免未來的嫉妒情緒，家庭可以一起設定界限和規則，確保每個人都感到被尊重和公平對待。

◎持續的努力和耐心：修補關係需要時間和持續的努力。家庭成員需要有耐心，並承諾共同努力改善關係。

每個家庭都是獨特的，並且每個家庭成員的感受和需求都是不同的。在這個過程中，最重要的是保持開放的心態，願意聆聽和理解彼此的感受。透過這些步驟，家庭可以逐步修復因嫉妒而產生的裂痕，建立更健康和諧的關係。

防止兄弟姐妹過度比較

處理兄弟姐妹之間的競爭與嫉妒可以採取以下幾個策略：

避免比較：不要不斷地比較兄弟姐妹，專注於慶祝他們各自的個性和成就。

促進平等待遇：確保孩子們感覺到他們以同樣的方式被愛和重視，避免明顯的偏袒或偏好。

公平分配責任：在兄弟姐妹之間公平分配任務和責任，讓每個孩子都有機會在家裡做出貢獻並感到有價值。

鼓勵溝通：鼓勵孩子們表達自己的感受並積極傾聽彼此的擔憂，提供一個安全的對話空間。

促進合作：通過協作活動和團隊遊戲，鼓勵兄弟姐妹一起工作，學會認識自己的優勢和劣勢，共同努力實現目標。

指導解決衝突：提供工具讓兄弟姐妹能夠建設性地識別和處理衝突，促進同理心、尊重並尋求雙方滿意的解決方案。

與每個孩子單獨共度時光：與每個兄弟姐妹分享特殊的時刻，通過個性化的活動讓每個人都感到特別。

創建個人空間：如果可能，讓每個孩子在家裡都有自己的空間，這樣他們可以探索自己的興趣和個性，而不會感到被另一個孩子侵犯。

鼓勵感恩：教導孩子欣賞和重視兄弟姐妹的優點，並理解彼此的經歷和情感。

【父母篇】

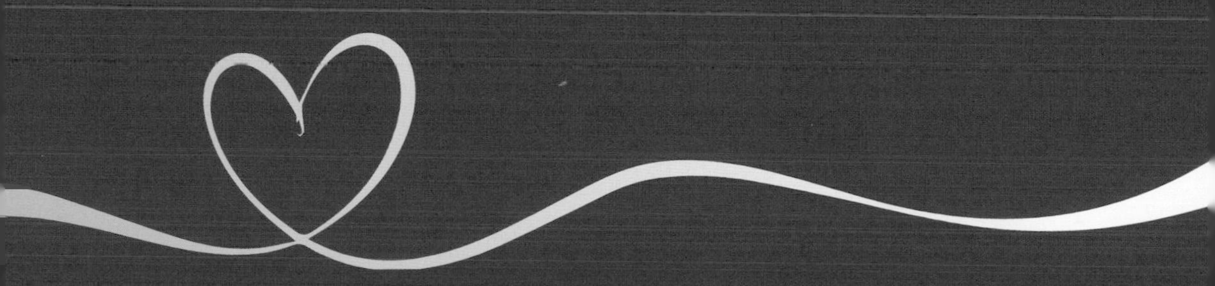

「老人」勒索

情緒勒索是一種利用恐懼、義務和罪惡感在關係中控制他人的行為，通常發生在較為親密的人際關係中。

國豐和太太都已經年過60，他們分別在職場退休，兩個兒子也各自成家立室，應該可以安享退休的悠閒時光。然而，國豐的母親卻給他帶來了很多煩惱。

國豐的母親已經超過80歲，身體還算健康，一個人住在舊屋中。國豐的父親十多年前去世了，母親的朋友不多，而國豐是她唯一的兒子，所以她每天都會給國豐打十數個電話，不是關心問候，就是反覆講一些家常事。此外，她還要求國豐每週至少看望她兩次，只要國豐錯過了幾通電話，或者因為其他事忙無法前來探望，她就會大發雷霆，責罵國豐不孝順，不關心老人家。

近年來，母親對國豐的索求愈來愈多，例如她要求國豐幫她換最新的手機，這樣她可以向其他老友記炫耀。但最令國豐困擾的，是她不斷要求購買昂貴的補充劑、藥材和保健器材，每次花費都數千甚至上萬元，讓國豐感到無比苦惱。

國豐和太太曾經多次試圖説服母親放鬆要求，但都沒有成功。他們明白母親年老體衰，對自己的健康和安全有所關注，但這樣的要求對他們來説實在過於負擔。

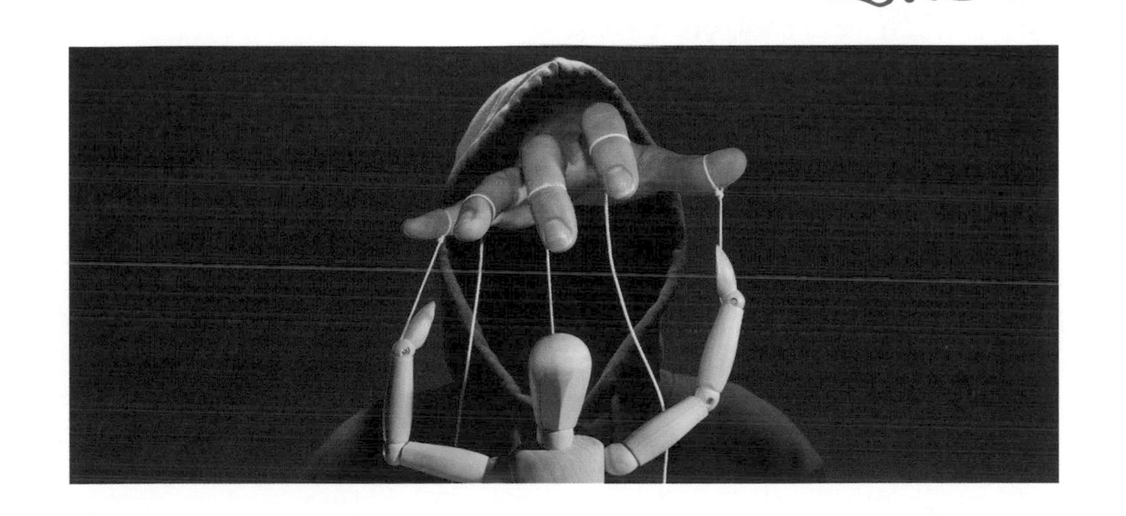

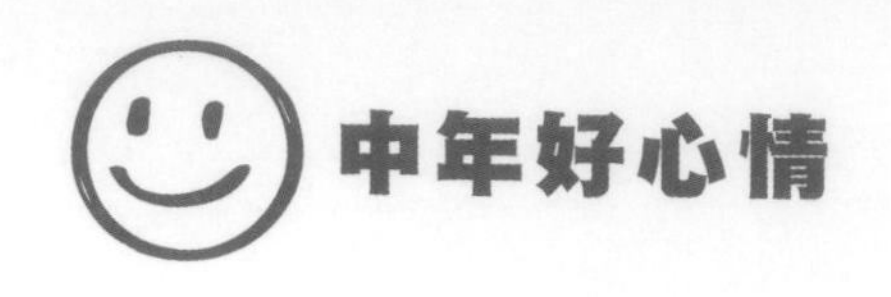

年老成為勒索的手段

情緒勒索（Emotional Blackmail）是一種利用恐懼、義務和罪惡感在關係中控制他人的行為，是心理學家蘇珊 • 佛沃（Susan Forward）在 1997 年首度提出的概念。情緒勒索通常發生在較為親密的人際關係中，例如父母對子女，或是兄弟姐妹、朋友或情侶之間。

家人之間情緒勒索的例子

父母	「我們辛苦養你長大」、「你不孝順」等話語，要求子女按照他們的意願選擇學校、工作或伴侶。
兄弟姐妹	「你是我唯一的親人」、「你不關心我」等話語，要求對方提供金錢或其他幫助，或者放棄自己的利益。
子女	「你們不愛我」、「你們偏心」等話語，要求父母滿足他們的任何需求，或者不受到管教。

如何化解情緒勒索

面對情緒勒索時，我們可以採取以下幾種方法：

◎了解自己的情緒：不要讓自己被對方的話語影響，保持冷靜和理性。

◎**設定自己的界線：**明確地表達自己的想法和感受，不要妥協或屈服於對方的要求。

◎**尋求外部支持：**如果自己無法處理情緒勒索，可以找一些信任的親友或專業人士來幫助自己，增加自己的信心和力量。

◎**改善溝通方式：**如果對方是重要的家人，可以嘗試和他們建立更健康和平等的關係，讓他們了解你的需求和感受，也尊重他們的需求和感受。

國豐應該與母親坐下來誠實地溝通，理解她的需求和期望。或許可以詢問她背後的原因，以更好地理解她的立場，繼而與母親討論一些合理的界限，例如每週看望的次數、購買保健品的頻率等。如果母親的要求過於苛刻，國豐可以尋求社工或長者服務中心的協助，以獲得更具體的建議。

無論如何，母親的年紀已高，她的要求是出於對兒子的關愛。國豐應該保持耐心，用愛心對待她，並尋找母親的需求和個人自由的平衡點。

不要把溝通變為勒索

所謂己所不欲，勿施於人。情緒勒索會破壞關係和信任，也會讓自己感到不快樂和不自由。如果你不想自己的子女成為下一位情緒勒索的受害者，你與子女溝通時便須要注意以下事項：

認識自己的情緒

不要把自己的不滿或不安全感轉嫁到別人身上，而是嘗試理解自己為什麼會有這些情緒，並尋找合適的方式來表達和處理它們。

尊重別人的選擇

不要強迫別人按照你的意願去做事，而是要接受他們有不同的想法和感受，並尊重他們的自主權和界限。

改善溝通技巧

不要用威脅、責備、抱怨或懇求的語氣來表達你的需求或期望，而是要用清楚、直接、誠實和負責任的方式來表達你的想法和感受，並聆聽對方的回應。

學會妥協和協商

不要把自己的要求當成唯一的解決方案，而是要與對方討論可能的替代方案，並尋找雙方都能接受的共識。

增加自信和自愛

不要依賴別人的肯定或服從來增加自己的價值感，而是要認識和欣賞自己的優點和長處，並學會愛護和照顧自己。

教而不善

“每個人都有改變的潛力，但他們需要感受到你真正關心他們，才會願意接受你的幫助。”

美鳳是家中獨女，已接近 50 歲，正計畫幾年後退休與丈夫安渡晚年。然而，她的父親就像一個問題兒童一樣，時常令她勞心勞力。

美鳳的父母居住在公屋，一向身體尚算健壯，但父親近年來身體日差，因為心血管問題引致輕微中風，行動的靈活度已不復從前。然而，父親的性格好動，每周仍堅持跨區購買蔬菜和食物，認為該處比鄰近街市的貨品更新鮮且便宜。一次購物後追逐巴士的路上，他不慎跌倒折斷了腿骨，需要兩個多月才能康復。

另一次，父親在家裡更換燈泡時扭傷了腰。他為了怕女兒責備而嘗試隱瞞，但後來因為半夜身體劇痛難忍，只好請女兒送他到急診室接受治療。

最令美鳳氣憤的是，父親多年的煙癮始終戒不掉。雖然醫生再三警告父親繼續吸煙會令健康迅速惡化，而他也一再答允戒煙，但最後仍會在家中無人時偷偷吸煙。美鳳決定在家中安裝監視鏡頭，全天候監視老人家的舉動，但此舉卻令父親非常不滿，覺得自己的私隱被侵犯，並揚言自己的身體自己負責，不需要女兒指指點點。

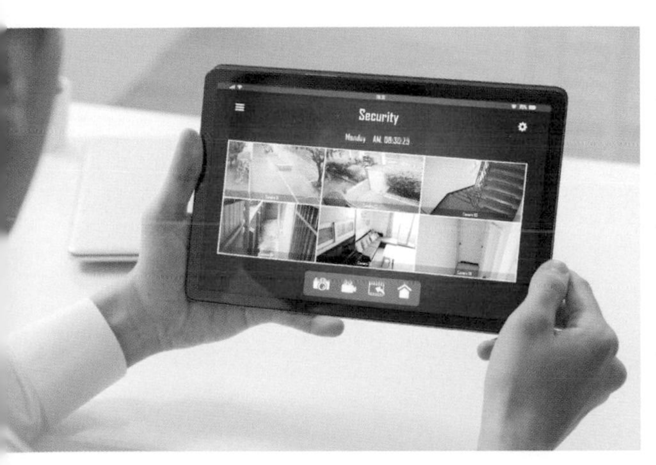

美鳳因父親的指責非常難過，也生氣地回應說以後不會再理會他。於是，父女二人陷入了冷戰之中。

令人頭痛的「屎坑石」

廣東話有一句歇後語叫「屎坑石——又臭又硬」，形容一些既臭脾氣、性格又頑固的人。許多時候，家中的老人家正正符合這設定。他們雖然被家人珍愛，卻總是拒人千里，我行我素，拒絕接納別人的意見。要軟化固石，耐性與愛心缺一不可。以下有幾項建議有助打開他們的心扉：

調整心態

後輩先要反思自己的行為，例如美鳳須意識到她的父親需要的是關愛和理解，而不僅僅是指責和監視。同時，後輩也應試著理解長輩不願意改變的原因，並且用同理心和耐心來溝通。例如美鳳爸爸行動不便仍堅持跨區買菜，是希望女兒一家到訪時可以享用最優質的食物；而他自行更換燈泡，也是不想麻煩到別人。嘗試先認同長輩頑固背後的動機，再勸導他改變。

找出不想改變的原因

針對長輩不想改變的具體原因，提供合適的解決方案或協助。例如，長輩不想戒煙，除了因為這是數十年的習慣，原來吸煙也是他與朋友的交際手段。如果他怕戒煙會被人嘲笑，可開導他這擔憂是杞人憂天，並舉一些成功戒煙親友的例子，讓他明白戒煙反而是值得敬重的行動。

由信任的家屬提出邀約

請長輩喜愛或信任的家屬提出邀約，用親情或友情來「軟化」長輩的「固執」。例如，可以讓小孫子或小孫女定時致電與長輩聊天，囑咐他要小心身體，令他對勸説更上心。

耐心和持續

改變不良習慣需要時間和持續的努力。不要期望他們能夠立即改變，要有耐心並持之以恆地提供支持。鼓勵他們慢慢進步，並為他們的每一個小成功感到高興。

與頑固的長輩溝通和影響他們的行為需要耐心、尊重和理解。每個人都有改變的潛力，但他們需要感受到你真正關心他們，才會願意接受你的幫助。

失智大作戰

照顧認知障礙症患者是一項長期而繁重的任務，容易讓家屬感到心力交瘁。因此，家屬更需要學會照顧自己的身心健康。

Joanne年過50依然單身，一直與父母同住。幾年前父親因病去世，她便與母親相依為命。母女的關係並不十分親密，但在同一屋簷下，彼此互相照顧，相安無事。Joanne平日工作繁忙，假日則熱愛外遊，因此日常相處的時間並不多。

然而，一切在媽媽罹患認知障礙症後迅速改變。媽媽的記憶力逐漸衰退，她經常忘記熄滅爐火或關掉水龍頭。雖然每次Joanne都及時發現並防止了意外發生，但已令她終日提心吊膽。

有一次，Joanne在工作期間接到媽媽的電話，媽媽竟然忘記了回家的路。這一幕讓Joanne意識到問題的嚴重性。經專家診斷，媽媽確診患上了認知障礙症。雖然藥物和訓練可以延緩病情惡化，但最終仍會導致完全失智。

Joanne 決定提前退休，全職照顧媽媽。由於生活突變，兩人在相處時難免產生磨擦。幾年間，媽媽逐漸失去自理能力，甚至連自己也認不出。這一刻，Joanne 感到非常無助及委屈，自己犧牲了一切，換來的卻是媽媽「無情」的回報。一想到未來還要長時間照料無力自理的媽媽，她覺得上天就像判了自己無期徒刑，永不超身。

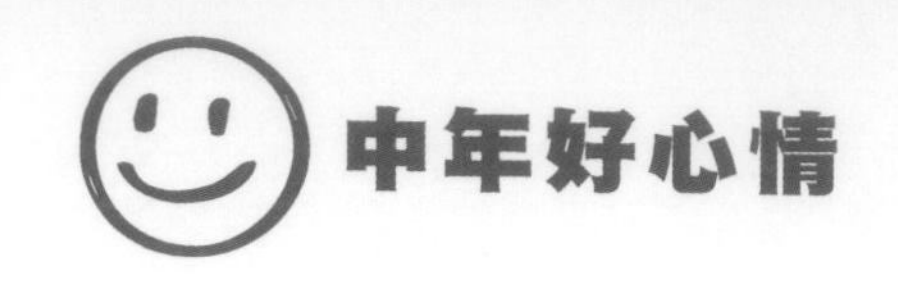

You are not alone

香港是一個人口老化的社會，認知障礙症的患者人數不斷上升。根據衞生署的資料，本港每 10 名 70 歲或以上長者中，便有 1 人患上認知障礙症；而每 3 名 85 歲或以上長者中，則有 1 人患上認知障礙症。據預測，至 2039 年，香港將有超過 33 萬名認知障礙症的長者。

認知障礙症不但對患者本身造成困擾和影響，也對其家人和照顧者帶來嚴重的負擔和壓力。照顧認知障礙症患者需要做好以下心理準備：

接受現實

首先，接受親人患有認知障礙症的現實是重要的一步。瞭解該疾病的自然進展和可能的後果，以便更好地面對未來的挑戰。明白認知障礙症是由病理性的變化所引起，而非患者自己的過錯。

支持和理解

理解認知障礙症會對患者和家庭帶來的影響，包括情緒變化、行為改變和日常生活的困難。在這個過程中，家屬需要持續提供情感上的支持和安慰，幫助患者應對困難和挫折。

尋求專業幫助

尋求專業的醫療和心理支持是非常重要的。與醫生和護理人員保持良好的溝通，瞭解適當的治療和護理計畫。同時，尋找認知障礙症相關的支持團體和社區資源，與其他家屬分享經驗和獲取支持。

培養自我關懷

照顧認知障礙症患者是一項長期而繁重的任務，容易讓家屬感到心力交瘁。因此，家屬需要學會照顧自己的身心健康。保持適當的休息和放鬆，尋找自己喜歡的活動和愛好，與朋友和親人保持聯繫，尋求必要的支持和幫助。

適應和調整

認知障礙症的進展是不可逆轉的，家屬需要逐漸適應患者狀況的變化，並做出相應的調整。這可能包括改變生活安排、提供額外的支持和照顧，以及尋求適當的居家護理或專業機構的幫助。逐漸建立新的溝通方式和互動方式，以適應患者的能力和需求變化。

最重要的是，家屬需要保持積極的心態和耐心。儘管認知障礙症會帶來挑戰，但家屬的陪伴和關愛對患者的品質生活至關重要。請記住，你不是孤單一人在面對這個挑戰。與其他家屬和專業人士一起分享經驗和支持，有助於減輕負擔並提高應對能力。

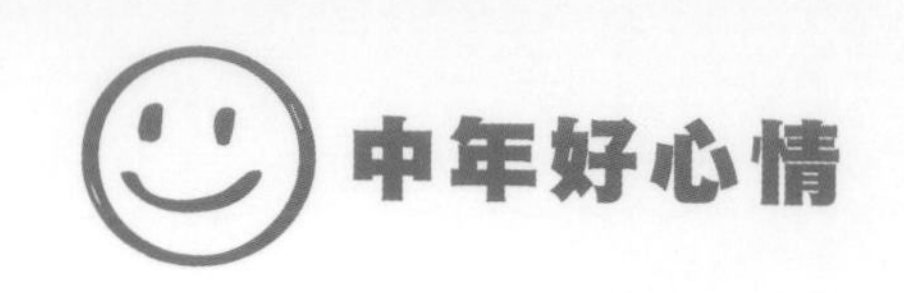

香港的認知障礙症支援服務

香港有不少機構和計劃專門為認知障礙症人士及其照顧者提供專業和全面的服務，例如：

香港認知障礙症協會

成立於 1995 年，是全港第一間專門提供認知障礙症服務的非牟利機構，亦是國際認知障礙症協會在香港的唯一會員。它提供多元化的服務，包括健腦中心、家屬支援、社區教育、專業培訓等。

https://www.hkada.org.hk/

賽馬會耆智園

是香港首間專業一站式綜合腦退化症照顧服務中心，不僅為腦退化症人士提供全面多元的服務，並為照顧者及業界同工進行專業培訓，亦致力研究發展優質腦退化症護理方案。它的服務包括住宿服務、日間護理服務、熱線支援服務、訓練課程等。

https://www.jccpa.org.hk/

友里蹤跡 APP

「友里蹤跡」APP 是一個協助尋找走失的腦退化症人士的應用程式，它的主要功能有：

- 家屬和照顧者可以預先登記腦退化症人士的資料，並在走失時通過 APP 報失。
- 腦退化症人士可以攜帶「守護蹤」裝置，這是一種使用低耗電藍牙科技的小型追蹤器，可以配合 APP 偵測其位置。
- 公眾人士可以下載 APP 成為「耆跡天使」，在開啟藍牙和位置功能後，可以接收報失通知並協助偵測走失人士的位置。
- 當走失人士行經距離港鐵客務中心 50 米範圍時，客務中心的平板電腦也可以偵測到其位置。

「智友醫社同行」計劃

由社會福利署推行，旨在加強醫社合作，提升社區內認知障礙或懷疑有認知障礙的長者及其家屬的支援。它提供個案管理及跟進服務、社區支援服務、轉介及聯絡服務等。

認識認知障礙症譜系疾病

隨著認知障礙症愈來愈普遍，在日常生活中我們接觸許多相關的名稱，如阿爾茲海默症、柏金遜症、腦退化症，甚至是老人痴呆症。究竟不同的症狀名稱有何分別？

簡單來説，腦退化症是一個廣泛的術語，包括了多種不同的認知障礙症，而阿爾茲海默症（Alzheimer's Disease）是其中最常見的一種。在香港，「腦退化症」這個詞是在2010年取代了「老人痴呆」，以減少歧視和負面認知。而在台灣，這類疾病則被稱為失智症。

阿爾茲海默症主要表現為記憶力和其他認知能力的退化。柏金遜症（Parkinson's Disease）則是一種運動障礙疾病，其早期症狀包括非運動症狀（如自律神經失調、睡眠障礙），以及核心運動症狀（如靜止型顫抖、動作遲緩、平衡困難）。雖然兩者都屬於神經退化性疾病，但它們的臨床表現、病理變化和治療方法有所不同。有時，一個人可能同時患有這兩種疾病，並表現出重疊的症狀。

在老年人中，阿爾茲海默症的患病率通常高於柏金遜症。根據資料，約有百分之五的 65 歲以上人士患有認知障礙症，而年過八十歲的有百分之二十出現不同程度的認知障礙症，其中阿爾茲海默症是最常見的類型。相比之下，柏金遜症的患病率較低，但具體數字可能因地區和人群的不同而有所變化。

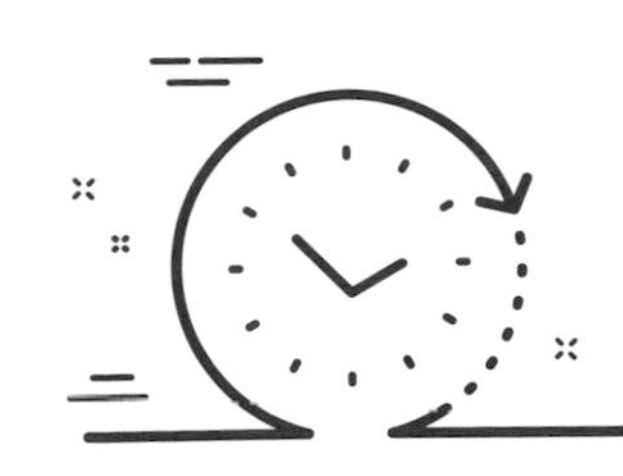

鬱到病

“抑鬱症是可以治癒的，只要及早發現和尋求適當的幫助，就有可能恢復正常的生活品質。”

寶卿是家中四個兄弟姊妹中排行最小，其他的兄姊都已經成家立室，唯獨寶卿仍然是單身。因此，順理成章地，寶卿也成了最常回家探望父母的子女。

父母年過 80，身體狀況還算健康，但是在新冠疫情期間，爸爸不幸染病並最終逝世了。突然失去了老伴，這對媽媽來說是一個巨大的打擊，她的心情久久不能平復。之後，寶卿發現媽媽長期失眠，食慾不振，不願意與親友接觸。有時候，她會自言自語，大哭起來，甚至在言辭間透露出有自殺傾向。經過一番辛苦，寶卿終於帶媽媽去看專家，最終確診為中度至嚴重的抑鬱症。

寶卿非常擔心媽媽這種精神狀態獨自生活的情況，她希望把媽媽送到護老院照料。然而，其他的兄姊都非常反對，認為這樣等於是把老人家拋棄不顧，是非常不孝的行為。他們反而認為沒有家庭負擔的寶卿，應該投入更多的時間來照顧媽媽。

寶卿覺得這樣的意見對她來說非常不公平，因為她也應該有自己的生活。然而，她同時也明白，如果像兄姊們般「口惠而不實」，媽媽的情況只會變得更加糟糕。因此，她陷入了一個兩難的境地，無法做出決定。

逃出黑暗深淵

根據社聯與香港大學的一項研究，以2016年長者人口165萬推算，全港約有25萬長者呈現輕微抑鬱徵狀。而根據統計處估算，65歲或以上長者將由2014年的15%增至2034年的30%，屆時，本港抑鬱長者或可增至50萬人。

抑鬱症是一種常見的精神疾病，會影響人的情緒、思想、行為和生理反應。抑鬱症患者會持續地感到憂鬱、失去興趣、自責、無助、絕望等負面情緒。然而抑鬱症是可以治癒的，只要及早發現和尋求適當的幫助，就有可能恢復正常的生活品質。以下是一些重建生活的建議：

提供情感支持

提供他們情感上的支持，讓他們有安全的空間表達自己的情緒和悲傷，並且傾聽他們的回憶和故事。這種情感連結和支持有助於他們處理悲傷並漸漸走出陰霾。

鼓勵參與社交活動

鼓勵他們參與社區活動、與朋友、家人聚會，或加入興趣小組等，這樣可以幫助他們重建社交網絡，獲得支持和陪伴。

提供實際支援

長者在日常生活中面臨種種挑戰，例如處理財務、照顧居家等。提供他們實際的支援，例如幫助處理財務事務、提供日常生活援助或者尋找社區資源，可以減輕他們的負擔，讓他們專注於自我照顧和復原。

鼓勵建立新的興趣和目標

幫助長者重新發現他們的興趣和愛好，或者幫助他們探索新的興趣和目標。這樣不僅可以轉移他們的注意力，還可以幫助他們重新找到生活的意義和目標。

尋求專業支援

如果長者的悲傷和憂鬱持續時間很長，或者情緒問題嚴重影響日常生活，建議尋求專業支援，例如心理諮詢師或心理醫生。專業的支援可以提供更深入的治療和指導，幫助長者處理他們的情緒困擾。

建立支持系統

鼓勵長者與家人、朋友和社區結緣，建立一個穩固的支持系統。這些支持系統可以提供情感上的支持、實際的幫助和社交互動，有助於減輕悲傷並促進復原。

每個人的恢復過程都是獨特的，需要尊重和理解。例如對於喪偶長者來說，重要的是在他們準備好之前，不要強迫他們忘記或移除對已逝配偶的悲傷。給予他們支持和理解的同時，也要鼓勵他們向前看，尋找新的希望和意義。

至於照護者的投入程度，涉及的家屬也可以心平氣和地取得共識。例如可以尋找日托的護老院或是聘請外傭照料，便可以安心讓媽媽在熟悉的環境下調理心情，也可減輕家屬照顧媽媽的負擔。

第二章
與朋友和解

朋友之間的真誠相待和深厚情感，是任何物質或利益所不能比擬的。這種純粹的情感聯繫，讓人們即使在最困難的時刻也能感受到溫暖和力量。

蟋蟀和螞蟻

友誼的本質在於分享生活中的喜悅和挑戰，而不計較誰給予了更多或者收到了更少。

莎莎和嘉寶從小已是好朋友。今天，二人都邁入中年。莎莎的性格樂觀開朗，她的生活雖然簡單，但她的笑容卻能照亮整個房間。她的外貌和才能可能不會讓人第一眼就記住，但她那樂於助人和真誠的性格，卻讓她成為了朋友圈中的寶藏。

莎莎的家庭生活同樣充滿歡笑和温馨。雖然與丈夫和兒子一起住在小小的公屋中，他們的生活證明瞭幸福不在於擁有多少，而在於珍惜彼此的每一刻。他們的家充滿了愛，歡愉的氣氛也感染著左鄰右舍。

另一方面，嘉寶是個才華橫溢的女性，從小到大，無論是學業還是外貌，她都是出類拔萃的。她對自己的要求極高，這種精神也助她在畢業後迅速成為了一名成功的投資銀行家。她的事業一路高歌猛進，但她那嚴苛的自律性格，卻讓她在人際關係上顯得有些孤立。

嘉寶的生活條件遠遠超過了一般人，她擁有的物質財富和社會地位，是許多人夢寐以求的。然而，在她的內心深處，卻對莎莎那種簡單而又充滿愛的生活感到羨慕。她羨慕莎莎那種能夠自在地與人相處，被友情包圍著的幸福。

過去，嘉寶只會視人際關係為束綁，所有交情本質都是一借一還的等價交易。直至年紀愈大，當生活中遭到挫折時，才驚覺手機通訊錄中可以訴苦的對象只有寥寥幾人，原來自己只是世間上孤獨的可憐人。

拒人千里的氣場

在《伊索寓言》【蟋蟀和螞蟻】故事中，蟋蟀是個無憂無慮的音樂家，整日沉浸在自己的音樂世界裡。螞蟻則是個勤勞的工作者，她每天都忙碌著收集食物，為冬天做準備。故事的結局是蟋蟀要靠螞蟻的賙濟，才能渡過苦寒的嚴冬。

在昔日的社會，主流意見都偏向讚許螞蟻克勤克儉的性格。時至今天，卻愈來愈多人對蟋蟀的樂活知命態度感到欣賞。

性格自律苛刻的人會對他們與身邊人的關係產生一定的影響。這種性格特徵會讓他們對自己和他人都有著非常高的期望，這在某些情況下可以推動他們取得卓越的成就，但同時也導致壓力和人際關係的緊張。

這樣的人會因為對完美的追求而難以容忍他人的錯誤或不足，這會讓他們的同事、朋友或家人感到被過度批評或是難以達到期望。長期下來，這會導致關係中的不信任和不滿，甚至可能導致孤立。因而會落得生命只剩下同事及工作夥伴，工作以外再難與別人建立進深的關係。

然而，自律苛刻的人也可以學習如何更加寬容和理解，這樣可以幫助他們建立更穩固和諧的人際關係。例如，他們可以學習欣賞他人的優點而非缺點，並且學會改變內心對話，以更加正面的方式看待他人。

友誼不是等價交易

某些自律的人，深信「no pain no gain」的道理。實踐在友誼之上，他們不介意付出，卻很介意得不到「合理的回報」，所以在人際關係上屢遭挫折。其實，真正的友誼超越了物質和利益的交換，它基於無條件的支持、理解和尊重。在這種關係中，朋友們為彼此的幸福和成功而感到高興，即使不能得到相同的回報，也會無怨無悔地給予幫助和關懷。

友誼的本質在於分享生活中的喜悅和挑戰，而不計較誰給予了更多或者收到了更少。朋友之間的真誠相待和深厚情感，是任何物質或利益所不能比擬的。這種純粹的情感聯繫，讓人們即使在最困難的時刻也能感受到溫暖和力量。

最佳「損」友

“通過原諒他人，我們可以釋放這些負面情緒，使自己重獲內心的平靜和自由。”

Bill 和 James 是一對大學同學，他們在畢業幾年後再次相遇，並決定攜手經營一家公司，為企業編寫自動化系統程式。創業初期，他們順利地推進業務，但隨後遭遇了 2008 年的金融海嘯，公司的業務迅速萎縮。在公司資金逐漸枯竭的情況下，兩人開始討論他們的前景。

Bill 堅信市場上的困境只是暫時的，他希望與 James 再投資一筆資金來挽救公司，並迎接市場的復甦。然而，James 對前景持悲觀態度，加上他剛剛迎來了兒子的出生，又添置了新居，手頭的積蓄已所剩無幾，於是決定放棄公司，回到打工族的行列。

Bill 對於 James 的決定感到非常不滿，甚至懷疑 James 偷偷將公司的客户資料轉移到他的新公司，導致公司僅餘的客户都轉向了其他競爭對手。Bill 因此與 James 走上法庭，但由於缺乏證據，最終無果而終。而兩人的友誼也告一段落。

之後的幾年裡，James 多次主動尋求與 Bill 和解，試圖解釋他當時的處境，以及他從未背叛過 Bill 的公司。然而，Bill 拒絕了任何與 James 的接觸，甚至在幾年前罹患癌症時，仍然拒絕了 James 的探訪。最終，Bill 帶著怨念離開了人世。

原諒別人 放過自己

Bill的離世令人惋惜，他的怨念和固執最終阻礙了他和James之間的和解。這也提醒著我們，在我們還有機會時，應該珍惜和平解決衝突的機會。誠言，大部分友誼都難以長存不變，但心中的怨念如不清理，隨時會縈繞半生，成為人生的遺憾。以下是一些方法，可以幫助我們培養寬恕別人的勇氣和胸襟：

接納自己的情感

寬恕不意味著否定自己的情感，包括憤怒、傷心和失望。學會正視並處理這些情感，可以幫助我們釋放內心的怨恨和壓力，為寬恕鋪平道路。

培養同理心

同理心是寬恕的基礎，嘗試放下自己的立場，站在對方的角度思考，體會他們可能經歷的困難和壓力。這種理解能幫助我們更好地理解他人的行為，並為寬恕鋪平道路。

自我反省和修正

寬恕並不容易，有時需要我們進行自我反省和修正。這意味著反思自己的價值觀和行為，並試圖改變負面的心態和觀點。我們可以問自己一些問題，如「這種怨恨對我有益嗎？」「寬恕對我和他人有好處嗎？」等等。

當我們被他人傷害或背叛時，內心往往會充滿負面情緒。這些情緒會對我們的心理和身體健康造成負面影響。通過原諒他人，我們可以釋放這些負面情緒，使自己重獲內心的平靜和自由。無論對方是否真的有惡意，只要自己釋懷，便等如拒絕了被二次加害。

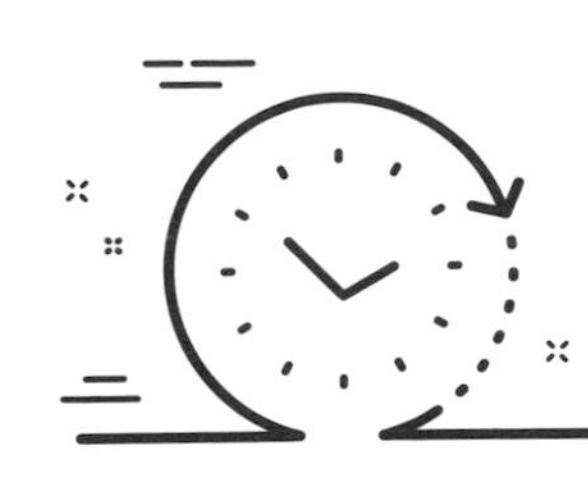

超級負皮王

煞停他們的放負不是因為我們冷漠，而是希望能夠和他們一起面對困難——只有共同面對問題，才能找到解決的辦法。

Mable 與 Tracy 是無所不談的好朋友，兩人背景相近，都是超過 50 歲的職業女性，子女已離家過獨立生活，丈夫有自己的社交圈子，夫婦各自從事自己有興趣的活動，互不干涉。

起初，Mable 和 Tracy 相約聚會總是分享彼此的生活點滴和趣事。無論是職場上的挑戰還是家庭生活的瑣事，她們總是能夠彼此理解和支持。

然而，不久之後，和 Tracy 的聚會漸漸變成了她的訴苦大會。原因是 Tracy 無意間發現丈夫擁有兩部手機。當她詢問丈夫為何要添置另一部手機時，他開始支吾以對，推說是公務所需。這讓 Tracy 開始懷疑丈夫是否對她有所隱瞞。

從那以後，Tracy 開始頻密查問丈夫的行蹤，令他不厭其煩，甚至熄機以避免 Tracy 的來電，令 Tracy 更深深不滿。所以每次聚會，Tracy 都只一味地訴說丈夫的可疑行為，以及生活上的種種不如意。作為好朋友，Mable 理應傾聽 Tracy 的苦水，但每次都是千篇一律的投訴，這讓 Mable 開始感到生厭。

後來，Tracy 變本加厲，在 Whatsapp 中繼續 24 小時無休止地「放負」，這讓 Mable 忍無可忍。她在 Whatsapp 抱怨了幾句，卻換來 Tracy 的一輪「轟炸」，責罵 Mable 忘恩負義，二人的情誼面臨決裂。

人際關係的斷捨離

經常「放負」的朋友，是指那些經常抱怨、消極、否定和傳播負面情緒的人，他們會影響我們的心情、信心和幸福感。因此，我們需要學習如何應對和處理這些關係，以保護自己和幫助他們。

設定界限

我們需要明確地告訴朋友，我們願意聽他們訴苦，但也有自己的時間和空間，不能無限制地承受他們的負能量。我們可以用禮貌和堅定的語氣，表達自己的想法和感受，並拒絕或減少與他們的聯繫，如果他們過於依賴或強迫我們。

轉移話題

我們可以嘗試將對話從負面轉向正面，例如提出一些有趣或有意義的話題，或者分享一些自己的喜悅或成功。這樣可以讓朋友暫時忘記自己的煩惱，也可以讓他們看到生活中還有美好和希望的事物。

給予建議

我們可以在適當的時機，給予朋友一些實用和正面的建議，幫助他們解決自己的問題或改變自己的態度。我們可以用同理心和鼓勵的語氣，讓他們感受到我們的關心和支持。

面對「負皮王」，煞停他們的放負不是因為我們冷漠，而是希望能夠和他們一起面對困難——只有共同面對問題，才能找到解決的辦法，而不是一味地陷入抱怨和指責的循環中。

你無法改變他人的思想和態度。如果發現與某個朋友的負面影響太過強烈，可能需要重新評估這段友誼，並考慮是否繼續保持親密關係。健康的人際關係是建立在相互尊重、支持和積極影響的基礎上的。

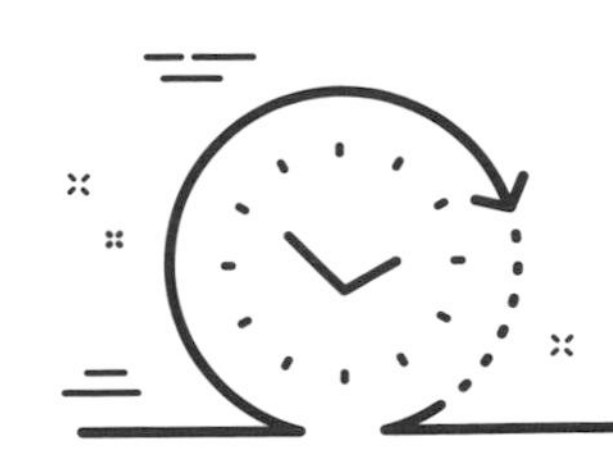

教識徒弟冇師父

“競爭可以是一個學習和成長的機會，觀察其他同事的優點和成功策略，可以擴展自己的技能和知識。”

Kevin 在公司工作了超過 20 年，是一位工作經驗豐富又忠心的老臣子。不久前，他成功晉升為營銷部的副總經理，這讓他深信自己有能力競逐下一任總經理之職。

儘管 Kevin 已經年過 50，但他對自己的能力充滿自信。他一直關注著公司內的競爭對手，發現唯有比他年輕十歲的 Dickson，是最有可能擠掉他的人選。有趣的是，Dickson 曾經是 Kevin 的部下，而且他曾因為一次疏忽導致公司失去一位重要客户。當時，Kevin 以自己的信用擔保了 Dickson 的工作，讓他能夠保住飯碗。

在 Kevin 的悉心指導下，Dickson 逐漸成長並展現出色的業績，很快便追趕上 Kevin 的職位。雖然在其他人面前，Dickson 總是尊稱 Kevin 為師父，但私下裡，他們經常明爭暗鬥，競爭客户資源。

然而，最近 Kevin 接到一個內部消息，公司已經決定晉升 Dickson 為總經理，這個消息讓 Kevin 感到氣憤不已。更令他無法接受的是，Dickson 竟然向總裁遞交了一份裁員名單，希望減少開支，而 Kevin 也榜上有名。Kevin 從一個爭取高職的人變成了被裁員的對象，這讓他感到萬分無奈。

慘被自己的徒弟出賣，Kevin 深深感受到了人情冷暖。他意識到在這個競爭激烈的職場上，友情和信任都只是笑話。心灰意冷的他，只有乖乖地接受提前退休的命運。

不要對辦公室情誼寄予厚望

「人走茶涼」貼切地形容了辦公室的情誼——同事的關係是基於共同的工作環境和職業目標，同事之間的互動主要是為了完成工作任務和達到職場目標，他們的合作和互動通常是出於工作的需要。所以人一旦離開了職場，關係亦告一段落。

除了合作，同事的關係還隱藏著競爭的元素。同事之間的競爭是正常的現象，它可以激勵人們持續進步和努力工作，從而提升整個團隊或組織的績效。但過度激烈的競爭也會導致敵對和敵視的氛圍，損害團隊合作和組織文化。這種競爭往往包括誹謗、惡意競爭、破壞他人的工作等行為。

競爭既然無法避免，唯有以正面看待每次優勝劣敗的結果。競爭可以是一個學習和成長的機會，觀察其他同事的優點和成功策略，可以擴展自己的技能和知識。就算好像 Kevin 般，因為權鬥而被迫提早退休，也可以視為尋找人生新方向和目標的契機。人生的價值和成就不僅僅來自於職位的高低，更重要的是追求自己的興趣和快樂。這樣，我們才能創造屬於自己的精彩故事。

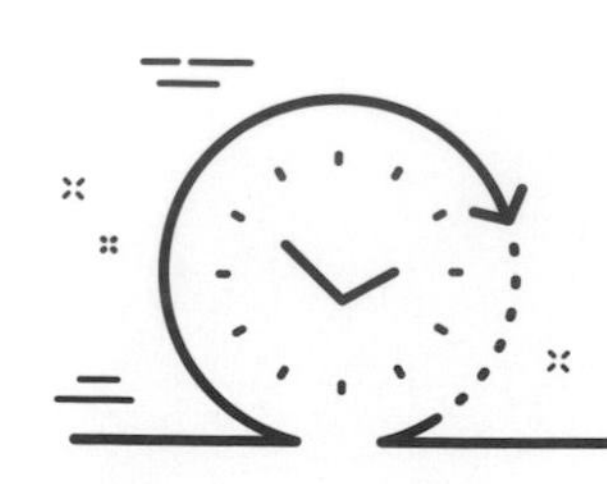

黃昏流星群

「我們說到黃昏的流星之所以耀眼，是基於前半生所累積的經驗，讓我們能在人生最後一段創造璀璨，而不是一直緬懷過去而過的傻氣。」

Dick 年過 60，他與太太度過了 30 年幸福美滿的婚姻。可惜 3 年前，太太因為一場急病逝世，剩下他孤零零一人。

經過兩年的時間，Dick 終於從哀痛中恢復。在一次參加友人組織的行山活動中，他遇見了芳芳。芳芳年齡與 Dick 相仿，幾年前因為丈夫的不忠而提出離婚。Dick 與芳芳在一次長者中秋晚會中擔任司儀，促使了兩人的合作，同時也互生好感。之後，兩人以不同的原因相約見面，例如芳芳請 Dick 幫忙購置電腦，以及 Dick 邀請芳芳為孫女選購生日禮物。

因為兩人過去的經歷，令他們始終不敢把關係進一步提升。直到一次他們出席一位共同認識的友人的葬禮後，Dick 深感人生苦短，鼓起勇氣向芳芳表白，也開始了兩人情侶的關係。

雖然兩人在蜜運中，始終沒有勇氣在雙方親友前公開兩人的關係。直至拍拖 1 年後，Dick 覺得要給芳芳一個正式的名份，便毅然向芳芳求婚。芳芳雖已認定 Dick 是終身的伴侶，卻非常介意雙方子女們的反應。相對 Dick 的子女們對老爸再婚熱烈地支持，芳芳的獨生女卻對媽媽的再婚不置可否，非常冷淡，令芳芳忐忑不安。她坦言若沒有女兒的祝福，自己再披嫁衣也不會覺得幸福。

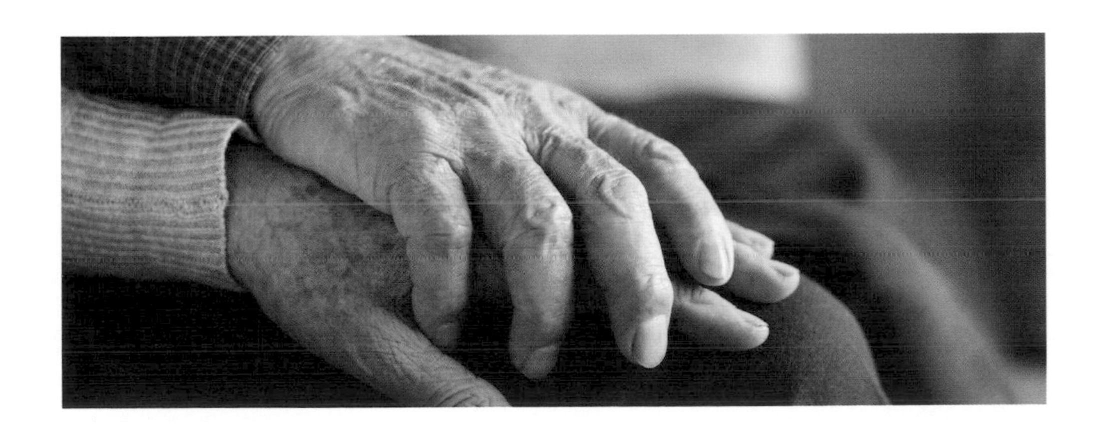

黃昏戀需要無比勇氣

年輕人戀愛追求浪漫，沉醉在二人世界中可以完全無視世界的壓力。他們通常有更多的時間和精力投入到戀愛關係中，可以更自由地追求愛情。而黃昏戀中的人們可能有更多的時間和精力用於工作、家庭和其他責任，他們需要更好地平衡各個方面的需求。

雖然黃昏戀較欠缺激情和衝動，關係亦不再純粹是二人之間，但黃昏戀中的人們通常更加成熟穩重，他們更懂得如何經營和維護一段長久的關係。

經營一段完美的黃昏戀，絕對需要耐性和勇氣。正如 Dick 和芳芳的再婚，也要克服重重的挑戰和阻礙：

家人的反對

儘管 Dick 的子女們支持他的再婚，但芳芳的獨生女對媽媽的再婚持保留態度，甚至反對。這導致芳芳在決定與 Dick 結婚時感到矛盾和不安。

社交壓力

由於他們年齡較大，他們可能會受到周圍人的質疑和評價。有些人認為他們應該安享晚年而不是重新開始一段新的感情關係。這會給他們帶來一定的壓力和困擾。

子女的適應

Dick 和芳芳都有各自的子女，他們的再婚可能會對子女們的生活產生一定影響。子女們需要時間來適應和接受這個新的家庭成員，這需要一些溝通和調和。

雙方過去的經歷

Dick 因為過往太太的突然離世令他肝腸寸斷，而芳芳因為前夫的不忠的背叛讓她大受打擊。二人開始新的婚姻，便須要克服過去的恐懼，才可以有光明的未來。

健康問題

由於他們的年齡，他們可能面臨健康問題。這會對他們的生活方式和未來計畫產生影響，需要他們共同面對和應對。

經濟考慮

在考慮再婚時，他們需要考慮到雙方的經濟狀況和養老計畫。這可能需要一些談判和協商，以確保雙方的利益得到保障。

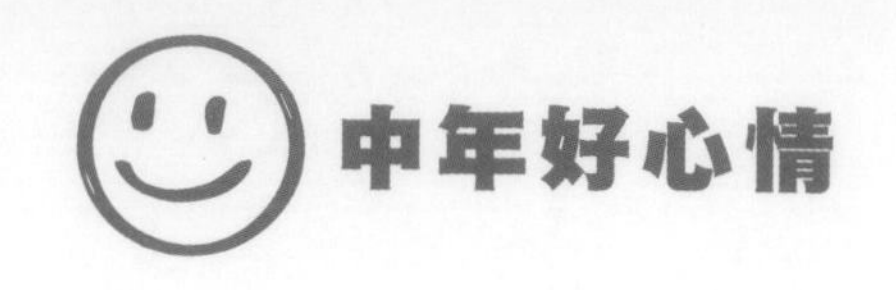

《黃昏流星群》是著名漫畫家弘兼憲史創作的漫畫，故事圍繞著中老年人的愛情和生活。故事有一句話提到：「我們說到黃昏的流星之所以耀眼，是基於前半生所累積的經驗，讓我們能在人生最後一段創造璀璨，而不是一直緬懷過去而過的傻氣。」這句話強調了人生晚期的價值，以及如何利用過去的經驗來豐富自己的未來。

無論是年輕人的戀愛還是黃昏戀，每段感情都有其獨特的特點和挑戰。關鍵在於雙方的理解、支持和努力，以及彼此間的溝通和尊重。無論年齡如何，真摯的愛情和相互關懷都可以在任何階段帶來幸福和滿足感。

弘兼憲史創作的
《黃昏流星群》。
（網上圖片）

第三章
與自己和解

什麼是幸福，定義人言人殊，人到中年正正是推倒以往重新開始的好機會。

【夢想篇】

別問我是誰

“退休不僅僅是關於過去的成就和身份的喪失，而是關於重新發現自己，重新定義他的價值和目標。”

Moses 曾經是一間跨國人才招聘公司的香港區主管，管理著近百名員工，他的聰明才智和廣泛的人脈讓他深受同事的愛戴。

但他邁向 60 歲時，按照總公司的要求，他不得不退休。在退休之前，他已經計劃好了擔任一家客户公司的顧問，幫助提升他們的營運效率。然而，當他開始進入新工作後，他發現一切都不似預期。首先，他不得不適應由發號司令的主管，變成了需要按照他人指示行事的員工。此外，因為再也沒有部下，他必須親自處理許多瑣碎的事情。最讓他感到打擊的是，他辛辛苦苦完成的建議，根本沒有人重視。所以，在擔任顧問不到兩個月後，他決定辭職。

除了感到自己的才華無處發揮外，Moses還發現他過去因為公司而獲得的榮耀，也隨著他的退休而消失了。退休後，他應邀參加了公司的週年晚宴，但他進場時，以前熱情簇擁的場景已經不復存在。當同事把他介紹給其他同業賓客時，他竟然尷尬地不知道如何形容自己，最後只好說個笑話來解圍。

Moses曾經熱愛品嚐紅酒，對各個酒莊和釀酒師的出品都非常了解。但奇怪的是，退休後他再也提不起興趣來品味紅酒。後來他才明白，原來鑑賞紅酒只是過去他交際的一種手段，當他不再需要應酬時，他自己根本提不起勁去獨自品嚐。

現在，Moses在家閒著，他渴望能像他的朋友們一樣，和妻子一起遠足甚至環遊世界。但很可惜，他的妻子近年來熱衷於流浪狗的保育工作，每周七天都忙得不可開交。他也試圖幫助兒子照顧他們五歲的女兒，但由於孫女平時很少接觸他，所以對他非常抗拒，這讓Moses感到很失望。

面對著漫長的退休歲月，Moses感到非常迷茫。他需要花些時間反思自己，探索他的興趣和熱情，尋找新的活動或目標來充實他的退休生活。

退休後的身份危機

年屆退休的男士會面臨身份危機，這是因為退休後他們會失去之前工作所賦予的身份和角色。以下是一些可能的身份危機：

職業身份的喪失

退休後，男士可能會感到失去了他們在職業生涯中所擁有的身份和地位。他們習慣了被稱為某個職位的名稱或擁有某種專業技能的身份，而退休後這種身份感亦會消失。

社會角色的改變

男士在退休後會發現他們在社會中的角色和地位發生了變化。他們不再擁有相同的社會地位或被人尊重的方式，這可能導致他們感到失去了一部分自我價值感。

日常結構的改變

工作生活帶給男士們一個日常的結構和節奏，退休後這種結構亦會消失。沒有工作的安排和責任，他們會感到迷失、無所適從或缺乏目標感。

社交圈子的改變

退休後，男士會發現他們的社交圈子發生了變化。他們可能不再有與工作相關的社交活動或與同事的接觸，這導致他們感到孤獨或失去了重要的社交支持。

自我價值感的損失

退休後，男士會面臨自我價值感的損失。他們曾經將自己的價值與工作和職業身份聯繫在一起，而退休後，他們感到缺乏被需要和重視的感覺。

退休不僅僅是關於過去的成就和身份的喪失，而是關於重新發現自己，重新定義他的價值和目標。退休者可以尋找與他的興趣相關的社交圈子，結識新的朋友，共同探索生活的樂趣。他可以投入運動、藝術、旅行或學習，開闊自己的視野，豐富自己的生活。

退休生活不僅僅是放鬆和休閒，它也是一個機會去發展自己的個人成長。可以通過閱讀、寫作或參加課程來持續學習和成長。最重要的是，退休者需要保持積極樂觀的態度。退休生活可能會帶來一些挑戰和失望，但只要保持開放的心態，樂觀地面對每一天，就能夠找到屬於自己的快樂和滿足感。

退休者從新入職的建議

如果退休者考慮重新入職，以下是一些建議：

認清動機：退休者應評估他們想要重新入職的原因。是為了財務需求還是為了保持社交活動和個人發展？明確的動機可以幫助他們確定他們所追求的工作類型和目標。

探索興趣和熱情：退休者可以思考他們在退休期間對哪些事物感興趣，並尋找與之相關的工作機會。追求自己熱愛的工作可以帶來更大的滿足感和動力。

更新技能和知識：退休者需要更新自己的技能和知識，以適應現代工作市場的需求。他們可以參加培訓課程、研討會或專業認證計劃，以提升自己的競爭力。

開展社交網絡：退休者可以通過參與社區活動、加入專業組織或志願者工作來擴大自己的社交網絡。這樣可以增加尋找新工作機會的可能性，並與其他人建立有價值的聯繫。

保持彈性：退休者可以考慮接受彈性工作安排，如兼職、臨時工作或自由職業。這樣可以提供更大的靈活性，並適應退休生活的變化。

尋求職業輔導：退休者可以尋求職業輔導服務或專業顧問的幫助，以獲得就業市場的最新信息和就業建議。他們可以獲得有關編寫履歷、面試技巧和職業定位的指導。

最重要的是退休者要保持積極的態度和開放的心態，並準備好適應新的工作環境和挑戰。重新入職可以提供新的機會和目標，讓他們繼續發展和實現自己的潛力。

情義兩難存

「追夢是一段感性又浪漫的旅程，但亦要背後有理性的策劃作支援。有時候，你需要做出一些妥協，以平衡家庭和個人目標。」

陳醫生年過六旬，是一位資深的醫生，在行醫的數十年間挽救了無數生命。但5年前當他確診癌症時，恍如把他關中漆黑一片的牢籠中，再見不到光明。

治療的日子是漫長而痛苦的，化療的副作用讓他一度幾乎放棄，但太太的愛如同春風化雨，滋潤著他枯竭的生命。她不僅是他的護士，更是他的心靈支柱。在她的悉心照顧下，陳醫生的身體逐漸康復，他的靈魂也在這場與死神的拉鋸戰中獲得了新生。

康復後的陳醫生，開始反思自己的人生，他想要的不僅僅是在醫院裡救治病患，他渴望的是在世界的每一個角落，將生命的火種點燃。於是，他決定加入無國界醫生，將自己的餘生獻給那些在戰亂和貧病中掙扎的人們。

然而，這個決定卻在他的家庭中掀起了波瀾。太太無法理解，為什麼在經歷了生死邊緣的掙扎後，陳醫生不選擇安穩的生活，而是選擇再次投身於未知的險境。她恐懼就此失去陳醫生，恐懼未來的不確定。

此外，陳醫生的癌症治療耗費了他們大部分的積蓄，如果他成為義工，家庭的經濟將會更加緊張。退休生活原本應該是享受天倫之樂的時光，現在卻因為陳醫生的決定而變得岌岌可危。

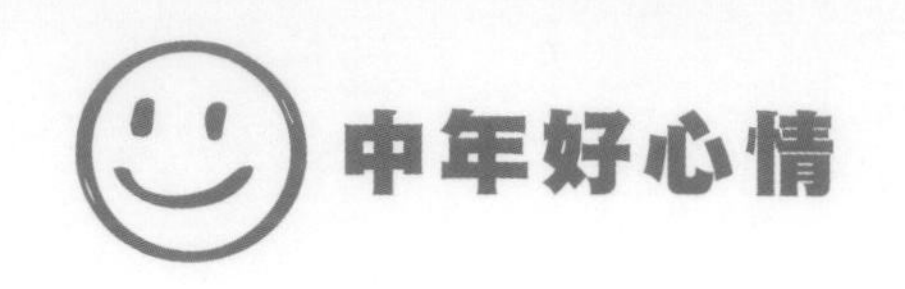

夫妻之間的爭執越演越烈，太太的指責讓陳醫生感到愧疚和痛苦。他開始質疑自己的決定，是否真的值得？他們的婚姻，能否經得起這次的考驗？在愛與理想的天平上，陳醫生必須做出選擇。他的心中充滿了掙扎，但他知道，不管結果如何，他都必須面對。

自我實現和家庭責任之間的平衡

面對生死的經歷往往會促使人們更深刻地思考人生的意義：因為經死亡邊緣的掙扎，讓人意識到生命的脆弱和有限，導致我們重新評估自己的價值觀和生活的優先順序。當意識到生命可能隨時結束時，人們會更珍惜每一刻，並思考如何使生活更有意義。

這種深刻的自我反省和對生命意義的探索，有助於人們找到新的目標和動力，從而過上更充實和有目的的生活。但在追夢時，可能會遇到不同的阻礙包括，例如陳醫生面對的家庭責任及經濟壓力。此外，過去的失敗或挫折可能會導致自我懷疑，影響他們追求夢想的決心。

昔日年輕人追夢，可能抱著「nothing to loss」的心態。今天的中年人未必能義無反顧地勇往直前，但歲月的歷練卻衍生出平衡的智慧，包括：

◎**設定清晰的目標：**明確自己的夢想和目標，並制定實際可行的計劃。

◎**尋求支持：**從家人、朋友或同行中尋求支持和鼓勵。

◎時間管理：合理安排時間，確保有足夠的時間投入到夢想中，同時也不忽視家庭和工作的責任。

◎持續學習：保持開放的心態，學習新技能和知識，以適應追夢過程中可能遇到的挑戰。

◎慢慢來：不要急於求成，理解任何值得追求的夢想都需要時間和耐心。

陳醫生在追求自我實現的過程中，與太太的關係出現了緊張。透過坦誠的溝通和互相理解，是找到平衡的途徑，例如先到政局較安定的地區，嘗試當幾周至幾個月的短期義工。這樣既支持陳醫生的夢想，也維護了他們的婚姻和家庭生活。

追夢是一段感性又浪漫的旅程，但亦要背後有理性的策劃作支援。有時候，你需要做出一些妥協，以平衡家庭和個人目標。找到一種方式，可以同時滿足家庭的需求和追求夢想，並記住這是一個長期的旅程，需要不斷調整和妥協。

夕陽的彩虹

“ 無論如何，你自己才是世上最重要的伴侶，不要因為「虛偽的幸福感」而糟蹋了你的下半場人生。 ”

林太太今年55歲，她的人生像一幅精心設計的畫布，每一筆每一刷都是為了家庭和孩子。年輕時，她在大學修讀平面設計，擁有無限的創意和夢想。25歲那年，她選擇與丈夫共結連理，從此她的畫布上多了溫馨的家庭色彩。

隨著兩個孩子的降生，林太太的畫筆更加專注於家庭這一主題。她的生活被孩子的笑聲和丈夫的支持所充滿，她決定辭退工作相夫教子，創作天賦暫時擱置在一旁。鄰居和親友們總是讚揚她是一位好妻子、好母親，她的畫布被認為是完美無缺。

然而，當孩子們長大成人，各自開始了職業生涯，丈夫也即將退休，林太太的內心深處開始湧現出久違的渴望。她開始思考自己的夢想和自由，那些年輕時的畫面在她心中重新變得鮮活。於是，在一個晴朗的早晨，她向丈夫提出了離婚。

丈夫震驚不已，他以為是有了外遇，但林太太的回答卻是堅定而清晰的：「我已經盡了一個妻子和母親的責任，現在我想追求屬於自己的人生。」她解釋說，她需要的不是另一段戀情，而是自我實現的機會。

這個決定震驚了所有人，但林太太的眼神中卻閃爍著久違的光芒。她重新拿起畫筆，開始在畫布上描繪出自己的夢想。她開設了自己的設計工作室，參加了藝術展覽，甚至開始教授平面設計課程，將她的熱情和知識傳遞給下一代。

為獨立生活作好準備

家庭主婦專職家務，雖然把家居打理得井井有條，但可能與外界長期脫節，面對突如其來的生活變化，例如移民、伴侶病故甚至離異，或像林太般想追求夢想，便需要獨立生活。

全職家庭主婦在準備未來獨立生活時，應從多方面著手。首先，通過學習新技能或提升現有技能，增強就業市場競爭力。其次，建立個人財務計劃，學習管理財務，並設立獨立儲蓄賬戶。此外，擴大社交網絡，這對個人成長和尋找機會都至關重要。心理上，要做好接受變化的準備，建立自信和自我價值感，實現財務、生活技能和情感上的獨立。

什麼是幸福，定義人言人殊，人到中年正正是推倒以往重新開始的好機會。假如你已考慮清楚一個安穩的家庭不是你未來的歸宿，可以溫柔地尋求伴侶的支持。不論對方是支持或反對，擁有獨立生活的能力都是你追求夢想的最大本錢。無論如何，你自己才是世上最重要的伴侶，不要因為「虛偽的幸福感」而糟蹋了你的下半場人生。

卒婚

在日本，有一個有趣的詞彙叫做「卒婚」，它是一個介於離婚和維持婚姻之間的折衷方式。卒婚的字面意思是「結束了婚姻這門修業」。這個詞源用來形容那些年過半百的夫妻，雖然想各自享受後半生，卻不想解除婚姻關係。他們選擇了「卒婚」，也就是不離婚，但在平時約定了周末是「約會日」，其餘時間則保留給自己。這樣，他們可以分居，也可以同居，不再綁住彼此，自由地活出自己的生活。

卒婚的起源與日本女性的處境有關。在日本，女性結婚後通常需要放棄自己的事業和理想，全心全意成為專業主婦。因此，當女性年過半百後，她們更渴望追求自己的生活，不再只是過別人眼中的日子。

總之，卒婚是一種特別的婚姻模式，讓夫妻們在不解除婚姻的情況下，各自追求自己的幸福。

香港政府支援中年就業計畫

要開始獨立生活，一份有固定收入的工作不可或缺。香港政府為支援中年就業，推出了多項計劃和措施。以下是一些主要的支援措施：

中高齡就業計劃：這個計劃旨在鼓勵僱主聘用年滿 40 歲或以上的失業求職人士，提供全職或兼職長工的職位，並為他們提供在職培訓。合資格僱員完成計劃下的在職培訓後，聘用 60 歲或以上失業或已離開職場的年長求職人士的僱主，可申請每月最高達 5,000 元的在職培訓津貼，為期 6 至 12 個月；聘用 40 歲至 59 歲失業求職人士的僱主，則可申請每月最高達 4,000 元的在職培訓津貼，為期 3 至 6 個月。

再就業津貼試行計劃：政府將於 2024 年第三季推出此計劃，為期 3 年，針對連續 3 個月或以上沒有從事任何獲酬工作的 40 歲或以上中高齡人士。若他們連續完成 6 個月工作，可獲發放最高 1 萬元津貼，而連續完成 12 個月工作則再多 1 萬元津貼，以鼓勵他們重投工作。

這些計劃有助於中年人士重新融入職場，提升他們的就業機會，為創業之路踏上第一步。

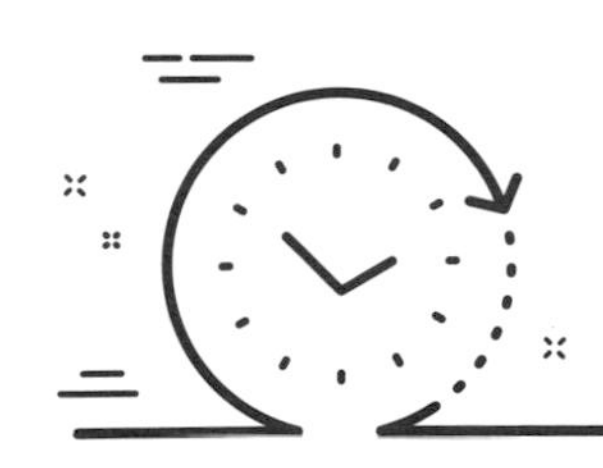

等愛的女人

一段愛情假如演變為「倚賴者」與「被倚賴者」的關係，便會變得充滿張力。愛情不應該是生活中的壓力源，而應該是一種相互尊重和成長的關係。

在繁忙的都市角落，一間溫馨的咖啡館裡，Celine 靜靜地坐在窗邊，手中的咖啡散發著淡淡的熱氣，就像她的心情，熱情已被時間冷卻。55 歲的她，眼神中帶著一絲哀愁，思緒飄回了過去的愛情之路。

25 歲那年，Celine 懷著對愛情的美好幻想，步入了婚姻的殿堂。她以為自己找到了可以共度一生的伴侶，但丈夫的背叛如同一把鋒利的刀，劃破了她的夢，留下了無法磨滅的疤痕。離婚的傷痛，如同冬日裡的寒風，刺骨而深刻。

歲月流轉，Celine 的心再次為愛情敞開。她遇到了一位看似溫柔體貼的男士，但這段關係最終因為對方的欺騙而告終。愛情的失敗，讓她的心靈愈來愈疲憊，信任如同破碎的玻璃，難以重塑。

儘管屢遭打擊，Celine 從未放棄對愛情的追求。她相信，每個女人的生命中都應該有一個可以依靠、深愛自己的伴侶。這不僅是因為她天生的浪漫情懷，更是因為她堅信愛情是生命的完滿。然而，隨著時間的流逝，她開始失去耐心，心中的火焰漸漸熄滅，取而代之的是無盡的抑鬱和自我憐憫。

在這個安靜的咖啡館裡，Celine 的心靈旅程並未停歇。她開始反思，是否真的需要一個男人來成就自己的生命？

首先要學會愛自己

對於女性而言，愛情不僅是情感的滿足，也是自我實現的一部分。愛情和婚姻常常與女性的社會地位和身份認同相關聯，這可能進一步強化了愛情在女性生命中的重要性。對某些女性而言，身邊有一個可以倚靠的男人，生命才算無撼。

然而一段愛情，假如演變為「倚賴者」與「被倚賴者」的關係，便會變得充滿張力。愛情不應該是生活中的壓力源，而應該是一種相互尊重和成長的關係。學會愛自己，並在愛情中保持獨立和自尊，是達到真正幸福的關鍵。

與年輕時談戀愛不同，中年人前半生已背負太多責任，下半場人生如果再有戀愛的機會，如果需要向對方期許太多承諾，絕對會對關係造成破壞。愛情應該是一種相互的、健康的給予和接受，而不是一種依賴或占有。

在愛情的追尋中，我們或許會遇到背叛、失敗，甚至是絕望。但每一次的挫折，都是自我發現的機會。在這個過程中，我們學會了堅強，學會了自愛，最終發現，生命的完滿來自於自己的內在，而非他人的認可。

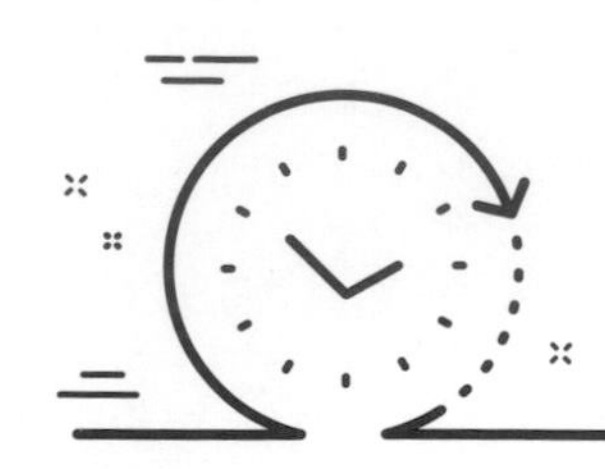

最緊要好玩

> 興趣不必非得轉化為成就，它們存在的意義在於豐富你的生活，帶來歡樂。

阿基與阿樂由小學開始已是好朋友，但二人性格迴異。阿基是一個嚴謹的男人，從小就為自己的未來畫下藍圖。他的人生像是一列按時刻表運行的火車，從未脫軌。大學畢業後，他進入了銀行業，憑藉著堅毅和智慧，十年間爬升到了部門主管的位置。然而，隨著行業競爭的加劇，壓力如影隨形，他的健康狀況開始每況愈下，最終在55歲那年，帶著一身的疲憊提前退休。

與阿基的精準規劃不同，阿樂的人生更像是一場即興演奏。中學畢業後，他沒有選擇繼續升學，而是成為了一名汽車維修學徒。經過幾番轉折，他成為了一名駕駛教練，最後選擇了網約車司機這條自由的職業道路。雖然收入不如從前穩定，但他卻擁有了更多的時間去追求他的興趣和愛好。

阿樂是一位天生的冒險家，他的生活充滿了色彩和激情。他熱愛自然，無論是遠足、潛水、滑水還是滑翔傘，他都能玩得不亦樂乎。每年，他都會選擇一些偏遠的地方進行深度旅行，從南美的叢林到非洲的草原，再到中東的沙漠，他的足跡遍布世界各地。

每當阿基和阿樂偶爾相聚，阿基總是會羨慕阿樂多姿多彩的生活。退休後的阿基，日子變得一成不變，對任何事都提不起興趣。阿樂嘗試鼓勵阿基開放自己的生活，去嘗試新的事物，但阿基總是以各種藉口推辭，繼續他那鬱鬱寡歡的生活。

後來，阿基開始意識到，生活不應該只有工作和壓力。在阿樂的影響下，他開始慢慢地走出家門，嘗試了一些簡單的户外活動。雖然起初感到笨拙和不適應，但漸漸地，他發現自己開始享受這些活動帶來的樂趣。

善用人生中場時間尋找興趣

傳統的概念會把人生分為上下半場，上半場籠統地定義為出生、學習、入職至離開職場，而退休至離世便被定義為下半場。上半場主要的內容是「開發」、「生產」，下半場重點在「收成」及「休閒」。至於人生的中場，這個階段沒有固定的年齡範圍，但往往與中年相關，可能在40歲或50歲左右出現，距離退休的起點，約有五至十年的時間。

人生中場通常被比喻為人生旅程的中間點，是一個反思過去並規劃未來的階段。除了事業和家庭，也要花時間為自己的未來籌算，尋找並培養令自己投入的興趣。可能你覺得，要一個996（早上9點上班，晚上9點下班，每周工作6天）的社畜思考個人興趣有點奢侈。但處身職場生涯的中後段，自己最終的職級位置都差不多塵埃落定，與其繼續透支自己的時間健康來拚搏，不如多花些心思在下半場人生之。

善用人生中場時間來尋找和培養興趣，是一個值得投資的過程。以下是一些建議，可以幫助你在中年時期發掘和享受新興趣：

◎多方嘗試：不要害怕嘗試新事物。無論是學習新技能、參加社交活動還是開始一項新運動，多嘗試可以幫助你發現自己真正喜歡的事物。

◎設定小目標：通過設定可達成的小目標，你可以在培養興趣的過程中獲得正向的回饋，從而增加持續進行的動力。

◎結合旅行：旅行不僅可以放鬆心情，還可以讓你有機會接觸不同的文化和活動，這可能會激發你的新興趣。

◎與人交流：加入相關的社群或俱樂部，與擁有相同興趣的人交流，可以獲得新知識，也會激發你對某個領域的熱情。

◎保持好奇心：對周圍的世界保持好奇，無論是閱讀、觀察還是提問，都是發現新興趣的好方法。

◎享受過程：記住，興趣的培養是一個過程，不需要急於求成。享受學習和探索的過程本身就是一種樂趣。

中場時間，透過閱讀（最好是與工作無關的題材）、旅行（食買玩以外的深度遊，鼓勵獨自旅遊）及嘗試（包括義務工作），都可以更新固有的概念，帶來跳出安舒區的勇氣。

發掘新興趣並不是坐等靈感降臨，而是一個主動出擊的過程。開始於行動，結束於發現，這一路上充滿了自我挑戰和成長的機會。記住，興趣不必非得轉化為成就，它們存在的意義在於豐富你的生活，帶來歡樂。保持開放心態，享受這段尋找快樂和滿足的旅程。祝你在這條路上，發現屬於自己的熱愛和喜悅。

適合中年人發展的興趣種類

對於中年人來說，有許多適合發展的興趣種類，可以根據個人的喜好和生活方式來選擇。以下是一些推薦的興趣：

視覺藝術：如金工、陶瓷、塑膠彩等，這些活動可以提高創造力和手工技能。

音樂：學習無伴奏合唱、木箱鼓、古箏等樂器，不僅能享受音樂的樂趣，還能提升記憶和協調能力。

戲劇：參與戲劇培訓和演出，可以提高表達能力和自信心。

舞蹈及運動：如流行舞蹈、非洲舞、泰拳、普拉提等，這些活動有助於保持身體健康和活力。

閱讀：閱讀可以刺激大腦，提高語言理解和思考能力。

遊戲：參與各種遊戲，特別是需要策略和思考的遊戲，可以預防失智症。

聽音樂或唱歌：音樂可以緩和情緒，唱歌和演奏樂器則可以活化大腦更多部位。

書法：書法可以提高空間視覺、運動協調和注意力，有助於減緩失智症的退化。

素描：素描可以提高注意力，預防健忘。

園藝：栽種植物可以刺激感官，消除疲勞和減輕壓力。看著植物由幼苗茁壯成長，也會帶來極大的滿足。

由興趣進入心流

昔日父母總勸說我們任何活動都不要玩物喪志，不要玩得「廢寢忘食」、「連阿媽都唔認得」。今日我們已掌握了自己的時間，但令我們「喪志」的活動，卻愈來愈少。

所謂「喪志」，可解釋為心流（Flow）現象。它描述了一種人在完全專注於某項活動時所經歷的心理狀態，這種狀態下，人會感到完全沉浸在當前的活動中，並經歷一種自我忘我的振奮感。心流狀態的特徵包括：

自動運轉：事情做起來順手，不需多加思考。

時間流逝：不會在意時間的流逝，直到回到正常狀態後才發現時間已過去很久。

不覺他物：專注投入事物之中，不易察覺外界干擾，如飢餓或手機震動等。

感到愉悅：在事情完成後，感受到愉悅、滿足、成就感等正向情緒。

心流狀態通常在挑戰與個人技能之間達成平衡的活動中產生，當人們在這種狀態下工作或學習時，會顯著提高效率和創造力。假如你從事某種興趣活動，會為你帶來心流現象；恭喜你，你一定要在該領域大大的發展，這樣你的生活將會非常充實。

愛的代價

對於愛情，許多男人在年輕時只覺得是生活的調劑。人到中年時，一些男人反而對於擁有浪漫的愛情關係有更強烈的渴望。

Eric 是一所中學的副校長，他已在教育界工作了三十多年。他備受同事和學生的喜愛，連續多年獲得最佳教學獎。太太溫柔賢淑，兩個子女事業有成，從旁人的眼中看，Eric 絕對是人生的贏家。

然而，Eric 並不快樂，總覺得離心目中的完美人生還有所欠缺。

在一次舊學生的聚會中，Eric 重遇了多年前曾教過的一位女生。這位女生因家庭環境較複雜，Eric 曾多次與她面談。儘管她面對重重困難，卻依然樂觀面對，給 Eric 留下了深刻的印象。

多年後再次相見，女生更加懂得打扮，言行舉止仍然散發著青春活力，令Eric心動不已。聚會結束後，女生甚至主動約會了他。Eric深知如果不懸崖勒馬，半生努力的成果將會付諸流水。然而，女生難以抗拒的青春氣息，卻讓Eric心猿意馬，糊裡糊塗地開始了出軌行徑。

不久後，兩人的關係終於被揭發，Eric的太太選擇了離婚，子女、親友都不原諒Eric的不忠，學校也因他的品行逼令他提前退休。

離婚後，Eric將物業和大部分積蓄都轉贈給了太太，而與女生的關係也在不到兩年的時間裡無疾而終。因為追求飄渺的愛情而失去一切，究竟是否值得？這個問題，Eric也沒有肯定的答案。

男人們都是李龍基

近期香港娛樂圈最多人討論的話題，一定是 74 歲的李龍基與 37 歲的王青霞相戀事件。李先生與王小姐的關係可能涉及一些複雜的計算，但觀乎李先生對心上人不離不棄的態度，卻不禁令人動容。

對於愛情，許多男人在年輕時只覺得是生活的調劑。為生活打拚，才是當時的重中之中。人到中年時，一些男人反而對於擁有浪漫的愛情關係有更強烈的渴望，可能涉及到以下幾個原因：

◎**自我實現和自我價值：**在中年階段，許多人已經建立了一定的事業和家庭，並實現了某些生活目標。在這個階段，他們更加關注尋找個人的自我實現和自我價值。浪漫的愛情關係可以給予人們情感上的滿足和成就感，使他們感受到自己的重要性和存在價值。

◎**情感支持和陪伴：**隨著年齡增長，人們面臨更多生活壓力和挑戰，例如事業壓力、家庭責任和健康問題等。在這種情況下，擁有一個浪漫的愛情關係可以提供情感支持和陪伴，減輕壓力，增加生活的幸福感和虛榮感。

◎**年輕和活力的再現：**愛情和浪漫可以帶來年輕和活力的感覺，使中年人感受到自己仍然有活力和吸引力。這種感覺可以提升自尊心和自信心，使人更積極地面對中年階段的挑戰和變化。

◎**探索新的關係經驗：**中年人對於探索新的關係經驗和重新定義自己的愛情觀念感興趣。他們想要擁有與年輕時不同的愛情體驗，進一步了解自己的需求和渴望。

◎**填補空虛感和孤獨感：**在中年階段，一些人可能面臨子女成年離家、婚姻狀況變化、親人離世等變化，這些變化帶來空虛感和孤獨感。浪漫的愛情關係可以填補這種空虛感，提供情感上的連結和親密性。

◎**中年的優勢：**雖然年齡增長，但中年男性仍然可能保持著一定程度的生理吸引力，例如保持健康體態、外貌吸引力和自信心等，加上工作多年而獲得的資源和社會地位，這些特質可以吸引異性，特別是年輕女性，一起發展親密關係。

面對出軌的誘惑，中年男人應該努力提高自我意識，了解自己的情感需求和觸發點。同時，發展健康的情感管理能力，學會應對壓力、沮喪和誘惑的方式，以免讓負面情緒導致出軌行為。

男人踏上出軌的不歸途，箇中涉及許多心理及生理的原因。如果純粹以「渣男」、「小三」形容一段婚外情，對解決問題完全無補於事。每個人對忠誠和婚姻的看法都不同，有些人認為出軌是不可原諒的背叛，而其他人則可能更寬容。無論作什麼決定，都應該冷靜處理，並以對自己、對方及其他家庭成員影響最少為原則。抱著報復的心態處理離婚事宜，最後只會兩敗俱傷。

【健康篇】

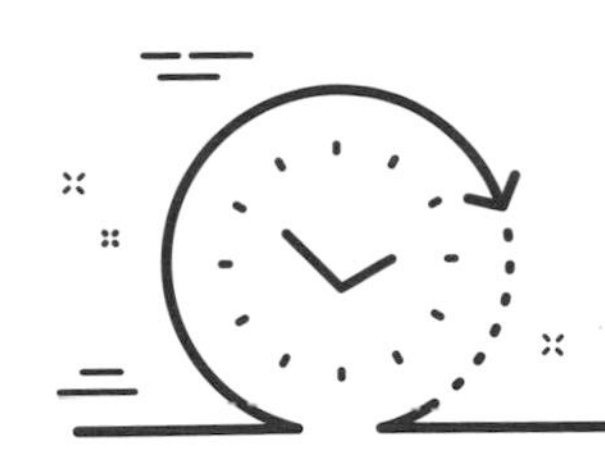

愛的馬拉松

面對困難時，有了正確的動機和支持，任何人都有可能改變自己的生活。

李先生是一名年過50的IT專家。他的生活節奏快速卻單調，每天除了敲擊鍵盤，就是應對無盡的會議和報告。運動對他來説，似乎是另一個世界的事。他的飲食習慣也不佳，常常是外賣快餐，油膩的食物成了他的能量來源。

但是，當他的兒子小李在DSE考試中失利，整日沮喪不振時，李先生意識到他需要做出改變。他決定參加馬拉松比賽，不僅為了自己，更是為了給兒子一個從失敗中站起來的榜樣。

起初，訓練對李先生來説簡直是一場折磨。他的肌肉痠痛，呼吸困難，每一步都像是在與自己的意志力作鬥爭。但他沒有放棄，每天清晨，當第一縷陽光穿透窗簾時，他就穿上運動鞋，開始他的跑步之旅。

小李看著父親的轉變，從最初的質疑到逐漸的敬佩。他看到了父親如何克服身體的疲憊，如何在每一次跌倒後重新站起來。這份堅持和勇氣，慢慢地感染了他，讓他開始重新審視自己的生活，並對未來充滿了希望。

幾個月後，馬拉松的日子終於來臨。李先生和兒子一起站在起跑線上，他們的眼神中充滿了決心。當槍聲響起，他們踏上了長達四十二公里的征程。那一刻，不僅僅是對身體的挑戰，更是對意志的考驗。

比賽結束時，李先生雖然渾身疲憊，但他的臉上卻洋溢著前所未有的光彩。他知道，這不僅僅是一場比賽的勝利，更是生活態度的一次蛻變。而對小李來說，這是一次心靈的重生。

從那以後，李先生將跑步變成了日常。他的生活方式有了翻天覆地的變化，健康的飲食和規律的運動成為了他的新常態。而小李也在父親的影響下，重新找回了學習的動力，並在下一年的DSE考試中取得了優異的成績。

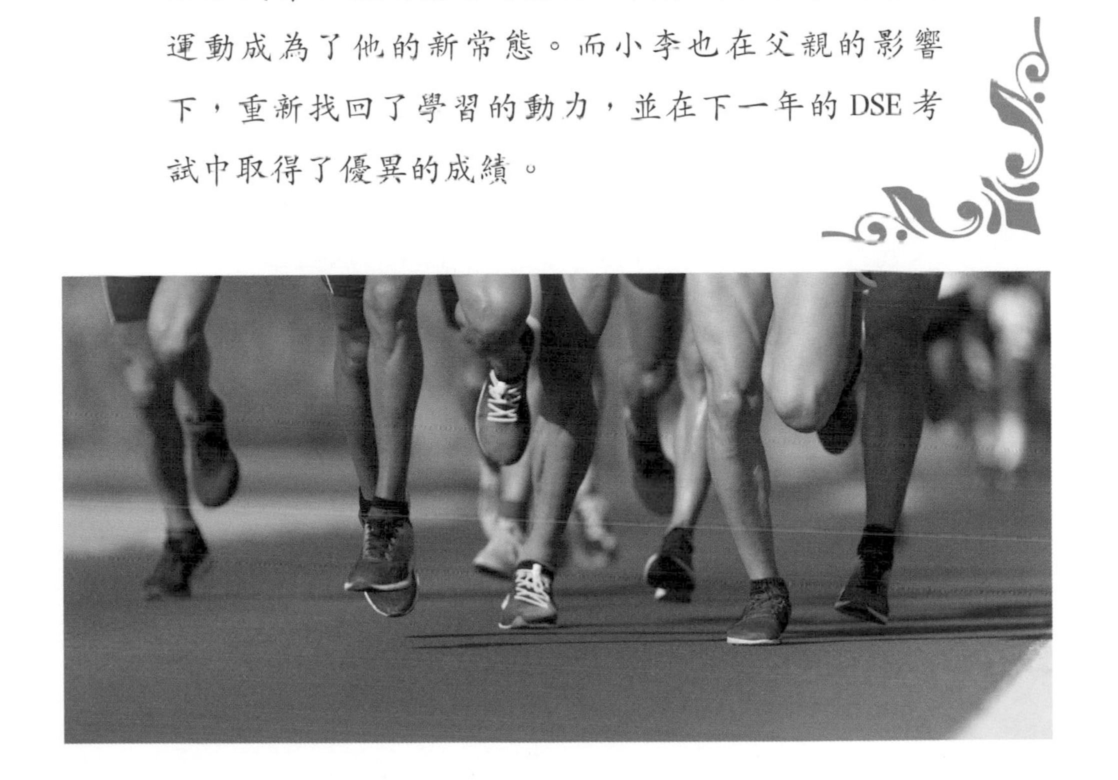

清晰的目標是建立運動習慣的基礎

中年人在培養運動習慣時會遇到的困難包括：

◎**身體限制：**隨著年齡增長，身體的柔韌性和耐力會下降，容易感到疲勞和疼痛。

◎**時間管理：**工作和家庭責任佔用大部分時間，找到規律運動的時間可以是一個挑戰。

◎**動力不足：**長期缺乏運動導致缺乏動力開始或維持運動計劃。

◎**心理障礙：**恐懼失敗或對改變現有生活方式的抗拒會阻礙開始運動。

成功培養運動習慣的契機包括：

◎**健康危機：**健康問題或醫生的警告成為開始運動的強烈動機。

◎**家庭支持：**家人的鼓勵和支持可以提供必要的動力和責任感。

◎**設定目標：**為自己設定具體的、可實現的運動目標，如參加馬拉松，可以提供清晰的方向和動力。

◎**見證成果：**看到運動帶來的積極變化，如體重減輕或體能提升，可以增強持續運動的意願。

李先生通過參加馬拉松來鼓勵兒子，這個目標不僅為他自己提供了一個清晰的運動目標，也為他的兒子提供了一個從失敗中站起來的榜樣。艱辛的訓練過程和比賽的成功，最終使他們兩人都受益，這成為了改變生活方式的一個重要轉折點。這個故事展示了，即使在面對困難時，有了正確的動機和支持，任何人都有可能改變自己的生活。

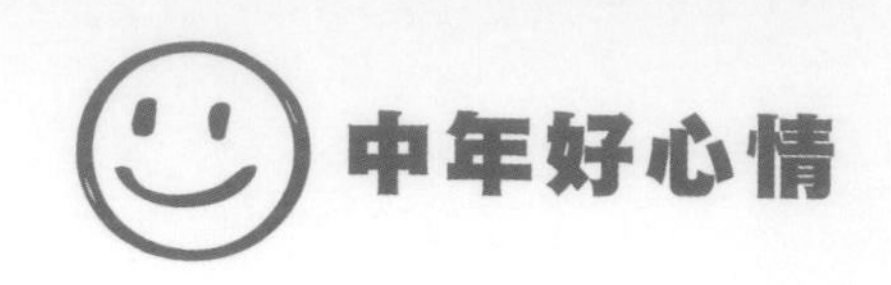

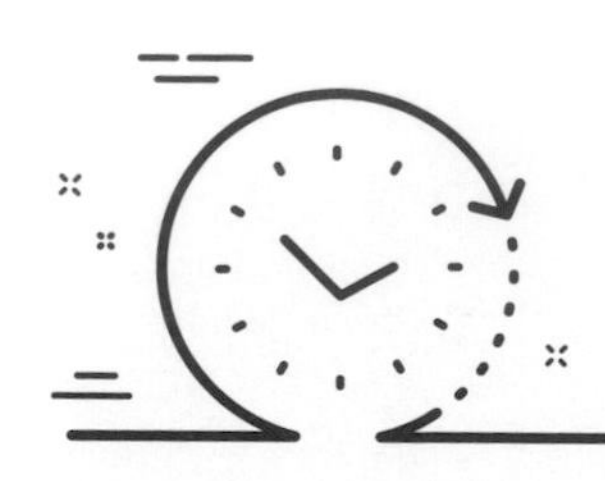

油膩中年

中年人的新陳代謝率較年輕人為慢，如果不再運動，就很容易變成一舊豬油。

Terry 年輕時，自命是 Work Life Balance 的玩家。他信奉「Work Hard Play Hard」的座右銘，工作需要時，他可以連續數晚通宵趕工；假期時，他可以連續踢足球滑水玩足一天，再與朋友在酒吧「劈酒」飲至通宵達旦。

因為過份燃燒生命，Terry 未到 40 歲身體便逐漸出現問題——先是因為酗酒引發痛風症，之後踢足球傷及半月板撕裂要進行手術，術後足足兩個月要靠拐杖行路。此外，長期大吃大喝也為他帶來了三高——高血壓、高血糖及高血脂，體重亦不受控地大幅地飆升。

步入中年，Terry 已由昔日精力充沛的小伙子變為油膩大叔。他開始抗拒運動，卻終日坐在沙發上觀賞各種運動比賽。某天，他注意到了自己臉上的皺紋，腰間的贅肉，以及那些曾經充滿活力的眼睛現在顯得無神。於是他下決心購買一些健身器材，希望重新開始鍛鍊身體。可惜初次試玩他便扭傷肌肉，之後便把器材打入「冷宮」，繼續頹廢的生活。

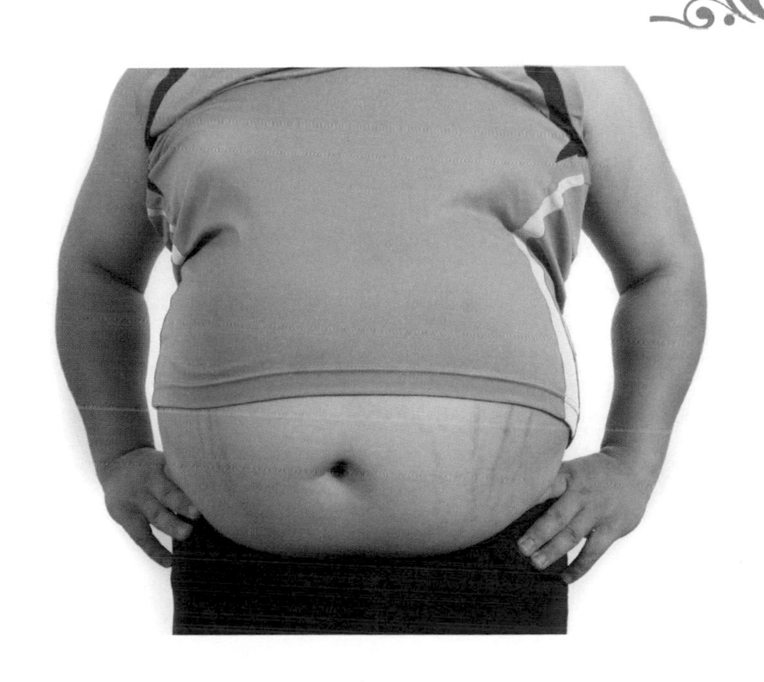

如何執行有效的體重管理

保持適當的體重對中年人來說非常重要，這有助於預防多種慢性疾病並提高生活質量。以下是一些有用的建議：

1.) 飲食控制

◎**控制卡路里攝入量：**確保每天攝取的卡路里不超過身體所需。這可以通過控制食物的份量、選擇低熱量的食物和減少高糖和高脂肪食物的攝入來實現。

◎**均衡飲食：**確保飲食中包含豐富的蔬菜、水果、全穀類、健康蛋白質（如家禽、魚類、豆類和堅果）和健康脂肪（如橄欖油、亞麻籽和魚油）。

◎**控制碳水化合物攝入量：**特別是精緻碳水化合物（經過加工的碳水化合物，如白米飯、白麵包和糖果），可以選擇全穀類和低 GI（血糖指數）食物。

2.) 適量運動

◎**有氧運動：**中年人應該每週進行至少 150 分鐘的中等強度有氧運動，如快步走、游泳、騎自行車等。

◎**肌力訓練：**肌力訓練有助於增強肌肉質量和加速新陳代謝。中年人應該每週進行至少 2 天的肌力訓練，包括舉重、彈力帶運動或者瑜伽等。

◎**增加日常活動量：**增加日常生活中的活動量，如步行上班、樓梯代替電梯、休息時間散步等。

3.) 管理壓力

壓力可能會導致過食或者不健康的飲食習慣。學習有效的壓力管理技巧，如冥想、深呼吸、休閒活動和社交互動等，可以幫助控制體重。

4.) 正確睡眠

不良的睡眠習慣可能會影響荷爾蒙平衡，導致食欲增加和新陳代謝減慢。每晚 7 到 9 小時的睡眠，有助於調節飢餓荷爾蒙，減少暴飲暴食的可能。

5.) 定期體檢

定期進行體檢，包括測量體重、血壓、膽固醇水平等，以及檢查血糖和甲狀腺功能等。這有助於監測健康狀況並及時調整體重管理計劃。

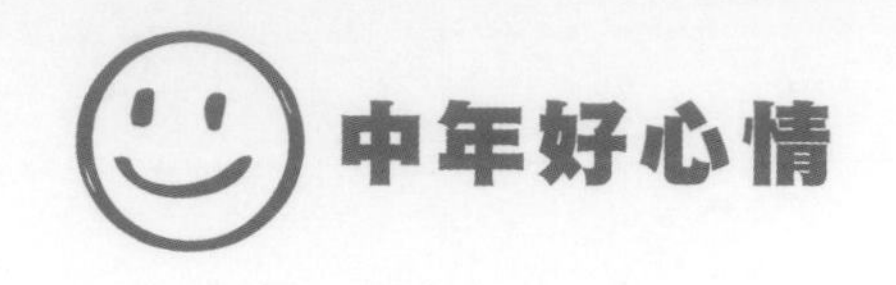

抗拒當油膩大叔

「油膩中年」是指那些年過40，開始不修邊幅，大吃大喝暴飲暴食，身材發福激情銳減，懶得看書懶得學習，整個人就好像有一層油膩包著，完全失去生活動力和熱情的中年男人。

油膩包括心態，也包括外觀。這些人生活沒有前進奮鬥目標，放棄了努力往上的動力，再加上沒有吸引異性的需要，老婆看慣自己邋遢的樣子，於是開始懶散和不修邊幅，運動修身也懶得去做了。

中年人的新陳代謝率較年輕人為慢，如果不再運動，就很容易變成一舊豬油。當身體的肥膏愈積愈多，動力不足就會導致精神萎靡，人就更加不想做運動了，結果變成惡性循環，脂肪不斷增加，人也變得懶散。所以中年人更加要多做運動，最起碼的目標是站著低下頭的時候，眼睛可以看到自己的腳趾，不要被肚腩擋住。

計算BMI

BMI（Body Mass Index，身體質量指數）是一種常用的衡量體重和身高之間關係的指標，可以用來初步評估一個人的體重狀況。BMI值公式為體重

(kg) / 身高平方 (m^2) 。對於 35 歲以上的成年人，建議的 BMI 範圍是 23-25。你可以在以下平台輸入個人資料，便會計算出 BMI 值及理想體重的建議。

https://products.aspose.app/cells/zh-hant/bmi

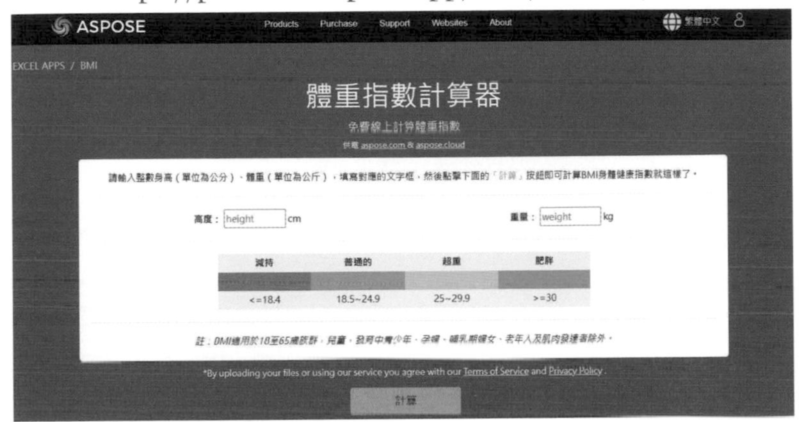

對於成年人（18 歲及以上）：

BMI	狀況
小於 18.5	過輕
介於 18.5 和 24.9 之間	正常範圍
介於 25 和 29.9 之間	超重
大於或等於 30	肥胖

值得注意的是，BMI 只是一個初步的評估指標，並不能完全反映一個人的健康狀況。其他因素，如體脂肪比例、肌肉量、骨骼密度等也需要考慮在內。

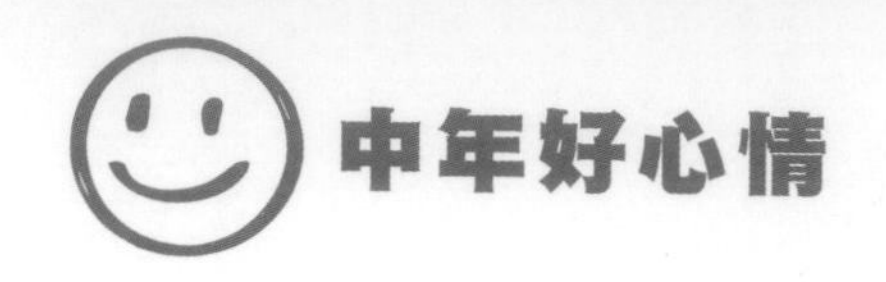

何解偏是我？

“隨著年齡漸長，身體機能逐步衰退，我們應意識到某些疾病可能無法完全治愈。學習接受疾病，並尋找方法來管理病情，是達到與疾病和諧共處的生活方式。”

在朋友眼中，Marco是個養生達人。他不僅精通東西方的養生之道，如食療、氣功、瑜伽和太極，還樂於與人分享。然而，一份突如其來的體檢報告，卻讓他的生活陷入了混亂。

報告無情地揭示了一個事實：Marco罹患了鼻咽癌。這對於一個不抽煙、不喝酒、定期運動、飲食均衡的人來說，無疑是命運的嘲諷。在確診的那一刻，他感到了前所未有的羞恥。他曾經深信不疑並向朋友們推崇的健康生活方式，又經常勸說朋友戒掉不良習慣，怎知道病魔率先找上的，卻是他自己。

憤怒和不公的感覺也充斥著 Marco 的心頭。他妒忌那些不懂得珍惜健康的朋友們，卻可以無痛無災過著愉快的生活，而自己嚴守生活紀律偏偏要面對這樣的災難。在社交媒體上，他看對朋友們快樂的旅遊及美食分享，竟感到非常討厭，覺得大家都在嘲笑自己。

他試圖否定這一切，甚至想要對親友隱瞞自己的病情。但他不知道如何開始抗癌之路，也害怕自己的病情一旦惡化，將成為家人的負擔。

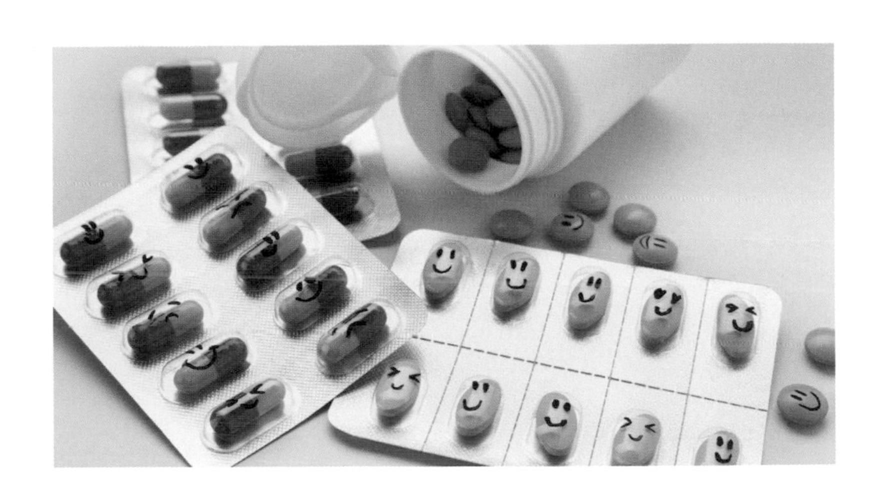

百般滋味在心頭

當一個人首次得知自己罹患癌症時，心理上通常會發生多種變化：

羞恥和自責

有些人可能會感到羞恥和自責，認為自己的生活方式或過去的選擇導致了癌症的發生。他們會懷疑自己是否做得足夠好，或者懷疑自己是否沒有足夠的健康意識。

驚愕和沮喪

得知罹患癌症往往會帶來巨大的衝擊和震驚。人們會感到無助和沮喪，對未來感到恐懼和不安。他們無法接受這個現實，並感到困惑和失望。

憤怒和不公感

有些人會感到憤怒，覺得這種疾病是不公平的，他們不該受到這種折磨。他們可能會質疑為什麼其他人可以過著健康的生活，而自己卻要面臨這樣的挑戰。

擔憂和焦慮

罹患癌症常常引發對未來的擔憂和焦慮。他們擔心治療的效果、身體的變化、失去工作或財務壓力等。他們也擔心對家人和朋友的負擔以及與他們的關係變化。

憂鬱和情緒低落

癌症診斷可能引發情緒低落和憂鬱。病者會感到無助、悲傷和失去興趣。他們面臨著巨大的情緒壓力，需要時間來適應和處理這些情緒。

這些心理變化在每個人身上可能有所不同，並且會在治療過程中逐漸改變。重要的是給予癌症病人足夠的支持和理解，並提供心理輔導和心理健康的支持，以幫助他們應對這些挑戰並保持積極的心態。

在經歷了一段時間的自我懷疑和掙扎後，Marco 開始接受現實。他意識到，即使他過去的生活方式不能完全防止疾病，但它們仍然對他的整體健康有益。他決定不再沉溺於自我憐憫，而是要積極面對治療。他開始尋求專業的醫療意見，並開始了化療。他也開始在社交媒體上記錄自己的抗癌之旅，希望能夠鼓勵和支持那些同樣在與癌症作鬥爭的人。

與病患共存

年輕時，我們或相信任何疾病都有治療方法，有完全康復的一天。但隨著年齡漸長，身體機能逐步衰退，我們應意識到某些疾病可能無法完全治愈。學習接受疾病，並尋找方法來管理病情，是達到與疾病和諧共處的生活方式。這涉及到多方面的調整，包括生活習慣、心理狀態、社交活動，甚至包括職業選擇。與疾病共存的目標是保持最佳的生活質量，同時減少疾病對日常生活的影響。在實際操作中，與疾病共存包括以下幾個方面：

◎**接受現實：**認識到疾病是生活的一部分，而不是生活的全部。

◎**積極治療：**遵循醫生的指導，積極參與治療計劃。

◎**心理支持：**通過心理諮詢或支持團體來處理與疾病相關的情緒問題。

◎**生活調整：**根據身體狀況調整工作和休閒活動，保持社交聯繫。

◎**健康生活：**保持均衡飲食和適量運動，改善生活質量。

與疾病共存需要時間、努力和持續的自我關懷。它涉及到身體、心理和社會層面的綜合管理，旨在實現最佳的生活品質和幸福感。

出死入生

> 面對死亡，人們往往會有深刻的反思和學習，意識到生命的脆弱和有限，學會珍惜每一個當下，不再將時間視為理所當然。

Nelson 與 Tina 是一對年過 60 的中年夫婦，二人結婚 30 年，子女都已成家立室。與普遍的夫婦一樣，二人的婚姻已平淡如水。生活上沒有爭執的事情，但亦沒有值得分享的經歷。兩人在家中，一整天可以沒有幾句説話交流，恍如同一屋簷下的租客一樣。

在一個寧靜的晚上，二人像平常一樣共晉無言的晚餐，Nelson 突然感到胸悶和呼吸困難。慌亂中 Tina 撥打了急救電話，救護車趕到時，Nelson 已經昏迷了。原來 Nelson 是急性心臟病發，這病是遺傳性，前沒先兆，亦沒法預防。

在醫院裡，Nelson 被緊急送往手術室，Tina 焦急地等待著。手術進行了幾個小時，最後，醫生告訴 Tina 手術成功，Nelson 躲過了一劫。但醫生也警告他們，Nelson 的心臟健康狀況需要更多的關注和改變生活方式。

Nelson 和 Tina 深刻地意識到他們的生命是多麼的脆弱和寶貴。他們開始重新審視他們的生活，放慢腳步，更注重彼此和家庭的重要性。他們決定一起度過更多的時間，共同經歷更多的美好時光。

他們開始每天晚上都花時間聊天，分享彼此的想法和感受。他們開始關注健康飲食，每天一起做運動，保持身體的健康和活力。他們還報名參加了一個夫妻心理輔導課程，學習如何更好地溝通和理解對方。

藉死亡尋找人生意義

面對死亡，人們往往會有深刻的反思和學習。這些學習可能包括：

◎**珍惜當下：**意識到生命的脆弱和有限，學會珍惜每一個當下，不再將時間視為理所當然。

◎**重視關係：**與家人和朋友的關係變得更加重要，人們會更加努力地維護和珍惜這些關係。

◎**內在成長：**面對死亡的威脅可能促使人們進行自我反省，尋求心靈上的成長和平靜。

◎**生命意義：**重新評估生活的目標和意義，尋找真正重要和有價值的事物。

◎**接受和放下：**學會接受生命中無法改變的事實，並放下那些無法控制的憂慮和恐懼。

生死教育

因為經歷大病而感悟人生，固然是不幸之中的大幸。但就算生活無風無浪，多接觸「生死教育」也會帶來人生的啟發。所謂「生死教育」就是關於生命與死亡的教育，旨在教導人們理解生命的有限性和死亡的自然性，從而幫助他們更好地面對生活中的各種挑戰和變化。這種教育的核心道理包括：

◎**生命的珍貴：**認識到每一個生命都是獨一無二的，應當被珍惜。

◎**接受死亡：**理解死亡是生命自然週期的一部分，學會接受而不是恐懼。

◎**現在的重要性：**鼓勵活在當下，珍惜當下的每一刻。

◎**生命教育：**通過對死亡的理解來反思生命的意義，促進個人成長和內在發展。

◎**情感準備：**幫助人們為面對生命中的喪失和悲傷做好心理準備。

◎**死亡禮儀知識：**提供有關死亡、喪葬儀式和遺產規劃等方面的知識。

除了參考書藉外，本地亦有一些機構會定期舉行相關的講座及工作坊，增進公眾對生死議題的理解和認知，包括香港生死學協會（https://hkldsa.org.hk/）及拉撒路會有限公司（https://www.lazarus.hk/）。

震撼人心的模擬死亡活動

生死教育中的活動，如「睡棺木」和「寫遺書」，旨在讓參加者從一個非常親身的角度來體驗和反思生命的終結。這些活動會給參加者帶來以下衝擊：

深刻的自我反思：通過模擬死亡的過程，參加者會對自己的生活、價值觀和人際關係有更深入的思考。

情感的釋放：在寫遺書時表達未説出口的感謝、遺憾或道歉，會釋放長期壓抑的情感。

生命意義的重新評估：面對生死，參加者會重新評估自己生活的目標和意義，並對未來的生活作出新的規劃。

對死亡的恐懼減少：透過這種體驗，參加者會對死亡有更多的理解和接受，從而減少對死亡的恐懼。

提升珍惜生活的意識：體驗「死亡」後的「重生」，會讓參加者更加珍惜生命，並鼓勵他們活得更有意義。

這些活動通過模擬死亡的過程，讓參加者在安全的環境中探索和處理與死亡相關的情感和想法，從而對生命有更深的領悟。